沂南北寨汉墓画像

山东博物馆　编著

文物出版社

封面题签　蒋英炬
责任编辑　贾东营
责任印制　张　丽
摄　　影　王　伟

图书在版编目（CIP）数据

沂南北寨汉墓画像／山东博物馆编著． －北京：文
物出版社，2015.8
ISBN 978-7-5010-4333-0

Ⅰ.①沂… Ⅱ.①山… Ⅲ.①汉墓－画像石－介绍
－沂南县　Ⅳ.①K879.424

中国版本图书馆CIP数据核字(2015)第144205号

沂 南 北 寨 汉 墓 画 像

山东博物馆　编著

文 物 出 版 社 出 版 发 行
（北京市东直门内北小街2号楼）
http://www.wenwu.com
E-mail：web@wenwu.com
北京荣宝燕泰印务有限公司制版印刷
新 华 书 店 经 销
889×1194　1/8　印张：19
2015年8月第1版　2015年8月第1次印刷
ISBN 978-7-5010-4333-0　定价：180.00元

序　言

　　汉画像石是汉代地下墓室与地面祠堂、阙等建筑物上的画像装饰,因为它是雕刻在一块块石头构件上的画像,所以也称之为画像石。就其构成的建筑物与艺术功能来说,它是为丧葬礼俗服务的一种祭祀性丧葬艺术。就其制作工艺与面貌特征上来说,它具有绘画与雕刻的两重属性:一是在汉画像石作品中,以线刻占据主导地位,这和中国传统绘画以线条为主的表现是一致的,线刻画像就是在墨线底稿上以刀代笔刻画出来的,故在雕刻中也反映出绘画的特点。汉画像石有画面的经营布局,其整体形态类似绘画;二是,汉画像石的各种图像都是雕刻出来的,按其成型技术来说应属雕刻,今天我们能看到和评论的,也是汉画像石的雕刻技艺。

　　由于汉画像石运用绘画、雕刻的艺术形式,以现实主义的手法生动形象地刻画了汉代社会生活的各个方面,综合反映了汉代社会的历史文化面貌,可以说它是一部博大精深的历史画卷。

　　山东是汉画像石遗存最丰富的地区,产生时间早,延续时间长,在当时社会上流行长达三百余年,汉画像石艺术在此地域得到充分发展并达到巅峰。沂南汉画像石墓就是其中的巅峰之作,可与闻名中外被誉之为"汉画像石之王"的武氏祠画像石相媲美。

　　1954年对沂南北寨大型画像石墓的发掘,正式拉开了以科学发掘手段对地下汉画像石墓进行考古发掘的序幕。至今看来,它不仅站在一个标志性的起点上,而且站到了一个制高点上,尽管在其后有许多汉画像石墓的发掘,而沂南北寨汉墓画像雕刻之精美、内容之丰富为至今所罕见。这座具有前、中、后三个主室及若干侧室的地下华贵府第,气势雄浑,布局合理,结构严谨,装饰华丽,俨然是一个将绘画、雕刻与建筑艺术相结合的伟大艺术作品。其画像内容丰富,包罗万象,几乎将天地、鬼神、人间与离奇幻想都纳入其中,为死者开辟了另一个神奇的世界,将为丧葬礼俗服务的汉画像石艺术发挥得淋漓尽致。其中丰富的画像内容,对许多方面的研究来说都是珍贵的资料宝库。例如中室横额的"百戏图",刻画有各种杂技、舞蹈、音乐、马戏、幻术等栩栩如生的图像,再现了《西京赋》中"临迴望之广场,呈角觝之妙戏"的历史场景。其场面之宏大,种类之繁多,在汉代乐舞百戏画像中首屈一指,是传承、研究我国传统乐舞杂技史的瑰宝。诸如此类,不胜枚举。

　　沂南北寨汉墓画像雕刻技法多样,但绝大部分画像采用减地线刻技法,另外有浅浮雕、高浮雕、透雕等,多刻在门额、立柱、斗拱等构件上。沂南北寨汉墓画像的减地线刻与武氏祠的减地线刻略有不同,武氏祠画像轮廓外减地是整齐的竖线凿纹,沂南北寨汉墓画像轮廓外是不规则的铲地,从制成的拓片看,没有像武氏祠画像那样层次分明、清晰;而其线条刻画的精美细腻、生动流利,较武氏祠画像则有过之而无不及。尤其是武氏祠画像久经风雨,历代捶拓,虽然画像整体轮廓清晰尤在,而细部线条多磨灭不显,沂南北寨汉墓因一直在地下保存,画像的细部线条刻画仍清晰可见,其资料价值也更为珍贵。现在以画像拓本制作的图像资料受出版条件所限,在画像局部或细节上不够清晰、精准。所以,在以往的著述中,对图像不够清晰的画像,往往采用线摹图,使读者清晰可辨。为了进一步发挥沂南北寨汉墓画像丰富而又珍贵的图像资料价值,正是本书作者启动、筹划、施行线描画像的动因。

　　山东博物馆典藏部于秋伟、朱华同志,分别从其从事的文物考古与美术专业角度,联手进行了对沂南北寨汉墓画像的描绘工作,具体描绘工作主要由毕业于曲阜师范大学艺术系具有艺术修养的朱华同志操笔,其基本方法是:以画像拓片为底本,用硫酸纸作原大线描摹绘。这项工作从2011年冬开始,先作尝试练习,后经两年多的努力，终于在2014年完成了对沂南北寨汉墓全部73幅画像的描绘，推出《沂南北寨汉墓画像》一书出版。

对画像描绘的原则，首要一点是要忠实原作，保证资料的真实性。为此，作者多次到现场对实物考察、拍照，尤其对拓片（底本）不清晰之处，结合原石画像弄清原状，力求对细节做到精确描绘。最后去沂南北寨汉墓现场将描绘线图与实物核对。

对画像描绘第二要点，即是对原作艺术表现的忠实与追求。作者多次到实地考察，可能也是为了体验或能心领神会画像原作的艺术面貌和表现特点的。在追求忠实原作艺术表现方面，其效果可能比第一点资料真实还要难。在这方面，不但有作者艺术修养、领悟之差别，还有见仁见智之意见与使用描绘工具不同等，这也是对画像描绘需要探讨的，其艺术效果是有高低之分的。

再者，需要指出的一点是，描绘图像对沂南北寨汉墓绝大部分的减地线刻画像是很适宜的，即在拓片底本上以线描线，把构成画像的和能看到的线条描绘出来即可，而对浮雕、透雕画像的描绘就有难度了。若严格从美术分类来讲，浮雕、透雕作品已不属于画的范畴，其物像都不是平面，拓本现出的物象轮廓边缘，不像线刻画像那样清晰明确，有些凸起的物像轮廓边缘没有线刻。但是，若不用线条把拓本现出的物像轮廓边缘描绘出来，就无法表现这种图像的构成和面貌，实际上这样描绘出的线条，在原画像上是没有的。当然，这种画像的描绘是少数个别的，但这也是一个值得注意和探讨的问题。

沂南北寨汉墓画像，是我国汉代画像石发展鼎盛时期有代表性的冠冕作品，具有丰富的历史文化内涵，它不仅是考古学、历史学、美术史的研究对象，更吸引多种艺术史门类以及民俗、宗教、科技等诸多学科涉足这一领域中来。《沂南北寨汉墓画像》的出版，为大家对其进一步地研究与资料引用提供方便，当会受到学术界、艺术界以及有关方面的欢迎与瞩目。我希望大家在检阅和引用此书资料时，予以细心关注，若发现有误，请批评指正；更希望有关人士，对画像描绘的艺术效果和技艺方法，作出品评和改进意见。我应邀为此书写序，也是勉强为之，或有言不及义，也无关紧要，还是请大家慧心关注本书描绘的历史画卷吧。

蒋英炬

目　录

线图目录

拓片、照片目录

线　图

图1 墓门上横额线图

纵36厘米　横286厘米

图3 墓门西侧支柱线图
纵122厘米 横42.5厘米

图4 墓门当中支柱线图
纵123厘米　横32厘米

图5 前室东壁上横额线图
纵47厘米 横185厘米

图6　前室西壁上横额线图
　　纵47厘米　横183厘米

图7 前室南壁上横额线图
纵47厘米　横282厘米

图8　前室北壁上横额线图
　　纵48.5厘米　横281.5厘米

图9 前室南壁东段线图
纵122厘米 横23厘米

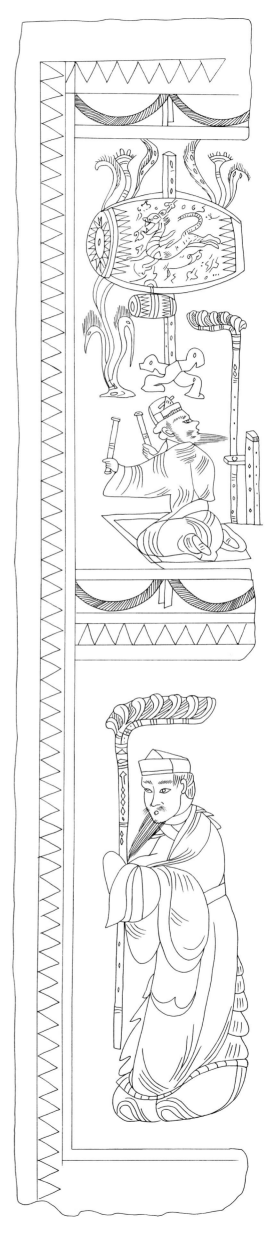

图10　前室南壁西段线图

纵122.5厘米　横23厘米

图11　前室南壁正中一段线图

纵122厘米　横45厘米

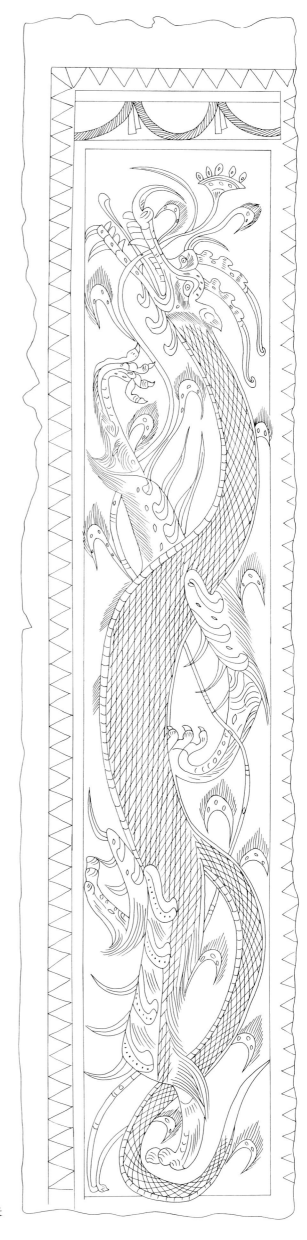

图12　前室北壁东段线图
纵118厘米　横26厘米

图13　前室北壁西段线图

纵117.5厘米　横28.5厘米

图14　前室北壁正中一段线图
纵118厘米　横48厘米

图15　前室东壁北段线图

纵119厘米　横49.5厘米

图16 前室东壁南段线图

纵121.5厘米 横46.5厘米

图17 前室西壁南段线图

纵120厘米　横44.5厘米

图18 前室西壁北段线图
纵120厘米 横44.5厘米

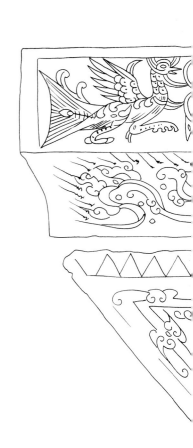

图19　前室过梁和八角擎天柱上的散斗、拱与蜀柱的东面线图
斗拱纵44厘米　横124.5厘米　梁纵27厘米　横180厘米

图20　前室过梁和八角擎天柱上的的散斗、拱与蜀柱西面线图
斗拱纵46厘米　横125厘米　梁纵27厘米　横182厘米

图21　前室过梁和八角擎天柱上的的散斗和拱的南面线图

通高97.5厘米　最宽32厘米　宽26.5厘米

图22　前室过梁和八角擎天柱上的的散斗和拱的北面线图
　　通高109.5厘米　最宽32厘米　宽25.5厘米

图23　前室八角擎天柱上的栌斗和柱身的东面线图

栌斗纵21厘米　横30.5厘米　柱纵108厘米　横11厘米

图24　前室八角擎天柱上的栌斗和柱身的西面线图

栌斗纵21厘米　横31厘米　柱纵108厘米　横11厘米

图25　前室八角擎天柱上的栌斗和柱身的南面线图

栌斗纵20厘米　横30.5厘米　柱纵109厘米　横32厘米

图26　前室八角擎天柱上的栌斗和柱身的北面线图

栌斗纵20厘米　横31厘米　柱纵109.5厘米　横33厘米

图27　前室八角擎天柱柱础的东面线图

方座纵12厘米　横48厘米　覆盆纵12厘米　内周长89.5厘米　外周长148.5厘米

图28　前室八角擎天柱柱础的西面线图

方座纵12厘米　横48厘米　覆盆纵12厘米　内周长89.5厘米　外周长148.5厘米

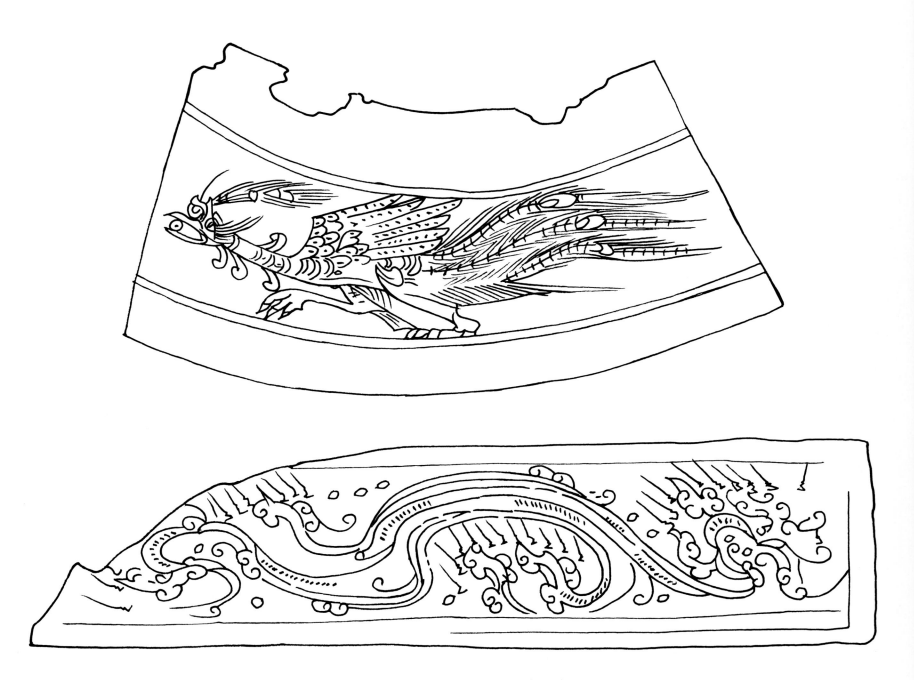

图29 前室八角擎天柱柱础的南面线图

方座纵12厘米 横48厘米 覆盆纵12厘米 内周长89.5厘米 外周长148.5厘米

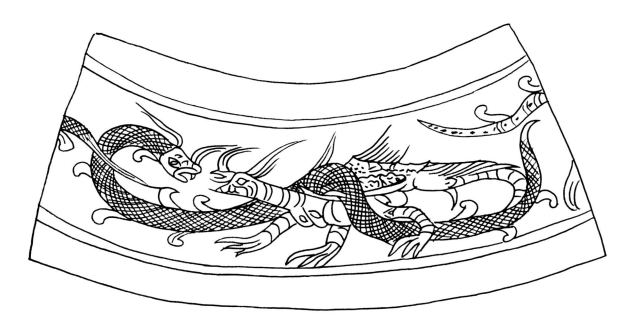

图30　前室八角擎天柱柱础的北面线图

方座纵12厘米　横48厘米　覆盆纵12厘米　内周长89.5厘米　外周长148.5厘米

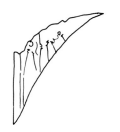

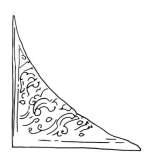

图31　前室八角擎天柱柱础四角的上面线图

纵48厘米　横48厘米

图34 中室东壁上横额线图
纵46厘米 横232厘米

图35　中室南壁上横额东段线图
纵48.5厘米　横174厘米

图36　中室南壁上横额西段线图

纵48厘米　横172厘米

图37　中室西壁上横额线图
　　纵48厘米　横231厘米

图38　中室北壁上横额西段线图
　　纵49厘米　横179厘米

图39　中室北壁上横额东段线图

纵44.5厘米　横161厘米

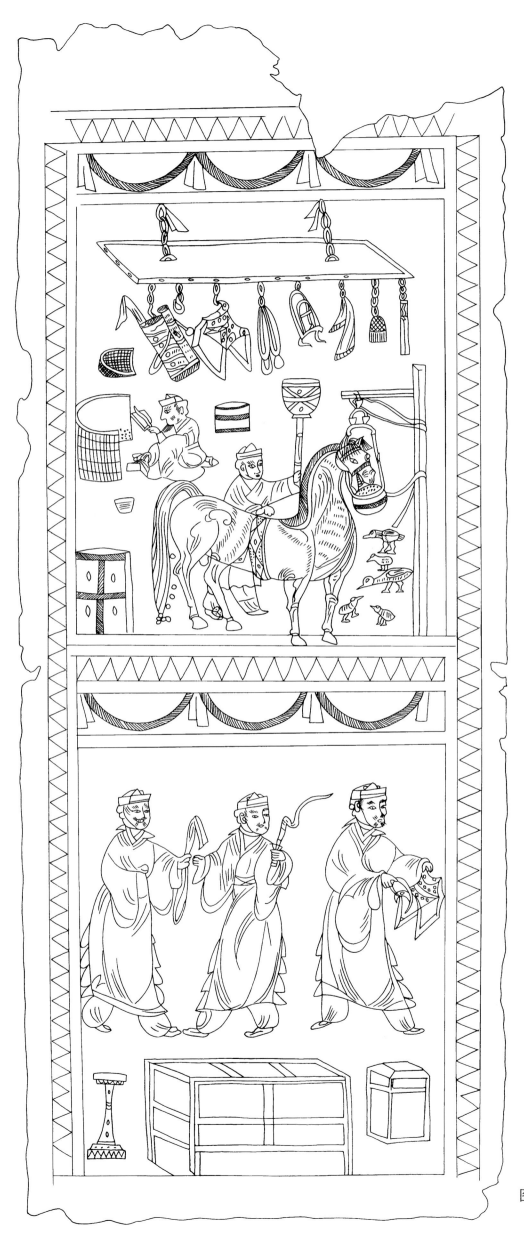

图40　中室南壁正中一段线图
纵117.9厘米　横46厘米

图41　中室南壁东段线图　纵117厘米　横63厘米

图42 中室南壁西段线图 纵97.5厘米，横66厘米

图43 中室北壁正中一段线图
纵117厘米 横49厘米

图44 中室北壁东段线图 纵108厘米 横68.5厘米

图45　中室北壁西段线图　纵117厘米　横74.5厘米

图46 中室东壁北段线图 纵104厘米 横69.5厘米

图47　中室东壁南段线图　纵119厘米　横67.5厘米

图48 中室西壁南段线图　纵117厘米　横66.5厘米

图49 中室西壁北段线图 纵116.5厘米 横71.5厘米

图50 中室过梁和八角擎天柱上的散斗、拱与两旁双龙的东面线图
斗拱纵49厘米 横74.5厘米 梁纵28厘米 横209厘米

图51　中室过梁和八角擎天柱上的的散斗、拱与两旁双龙的西面线图

斗拱纵83厘米　横48厘米　梁纵28厘米　横222厘米

图54　中室八角擎天柱上的栌斗和柱身的东面线图

栌斗纵20厘米　横33厘米　柱纵105厘米　横23厘米

图55 中室八角擎天柱上的栌斗和柱身的西面线图

栌斗纵30厘米 横22厘米 柱纵104厘米 横23厘米

图56　中室八角擎天柱上的栌斗和柱身的南面线图

栌斗纵19厘米　横33厘米　柱纵105.5厘米　横23厘米

图57　中室八角擎天柱上的栌斗和柱身的北面线图

栌斗纵20厘米　横31厘米　柱纵106厘米　横22.5厘米

图58 中室八角擎天柱柱础的东面线图

方座纵11.5厘米　横48厘米　覆盆纵12厘米　内周长89.5厘米　外周长148.5厘米

图59　中室八角擎天柱柱础的西面线图

方座纵11.5厘米　横48厘米　覆盆纵12厘米　内周长89.5厘米　外周长148.5厘米

图60　中室八角擎天柱柱础的南面线图

方座纵11.5厘米　横48厘米　覆盆纵12厘米　内周长89.5厘米　外周长148.5厘米

图61 中室八角擎天柱柱础的北面线图

方座纵11.5厘米 横48厘米 覆盆纵12厘米 内周长89.5厘米 外周长148.5厘米

图62 中室八角擎天柱柱础四角的上面线图

纵48厘米 横48厘米

图66　后室过梁和梁下斗拱及其两旁双龙的东面线图
斗拱纵46厘米　横80厘米　梁纵31厘米　横266厘米

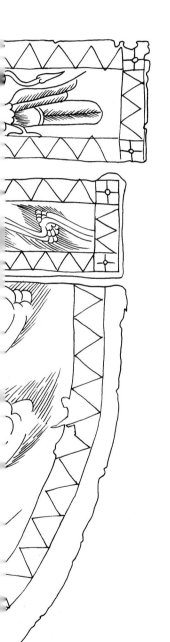

图67 后室过梁和梁下斗拱及其两旁双龙的西面线图

斗拱纵49厘米 横82.5厘米 梁纵30厘米 横261厘米

图68 后室靠南壁的承过梁的隔墙的东面线图

纵114厘米 横46.5厘米

图69　后室靠北壁的承过梁的隔墙的东面线图
　纵116厘米　横36.5厘米

图70 后室靠北壁的承过梁的隔墙的西面线图
纵115.5厘米 横35厘米

图71 后室靠南壁的承过梁的隔墙的西面线图
纵115厘米 横46厘米

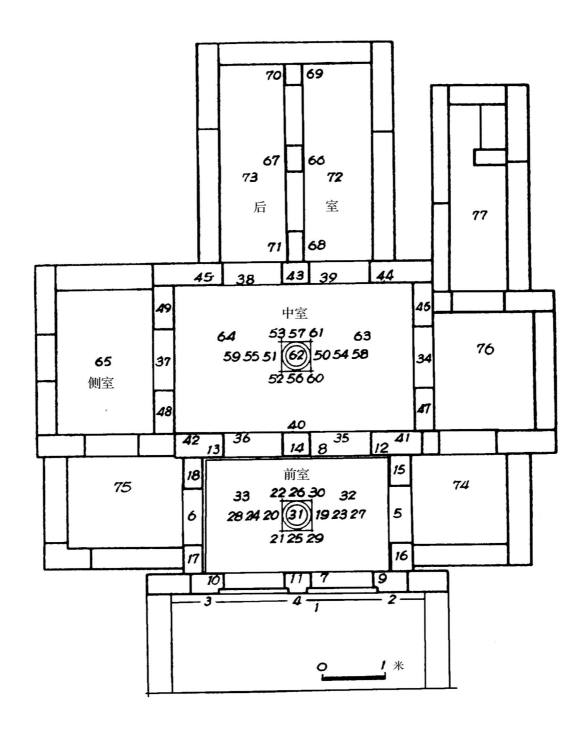

沂南北寨汉墓画像位置平面图

线图说明

图1　墓门上横额线图　画像刻胡汉战争图。中部为一座大桥，汉兵正左向行进桥上，胡兵正右行翻越重叠山峦。胡汉双方在桥上展开激战，数胡兵断头、横尸，桥下有划船和捕鱼者及游鱼。

图2　墓门东侧支柱线图　画像上部刻一力士，双臂抱人身蛇体的伏羲和女娲，下刻东王公和捣药的羽人。

图3　墓门西侧支柱线图　画面上刻蹶张，口衔剑，足蹬弩弓背，双手拉弓。其下一翼虎右向立，回首向后，再下一羽人左向行。再下边一怪兽，虎首，张口露牙和舌，有翼，两前肢盘曲。

图4　墓门当中支柱线图　画面上部刻有一怪兽，虎首，立耳，张口露牙和舌，有翼，作蹲坐状，右足下踏一张口右行虎背上。下部刻有西王母、戴胜，拱手坐于山字形瓶状高几上，两侧有玉兔捣药。

图5　前室东壁上横额线图　画像刻吊唁祭祀图。院前一人右向执彗迎候前来吊唁的宾客。右边宾客左向恭立。

图6　前室西壁上横额线图　画像刻吊唁祭祀图。门前地上置一几，几上有简册。屋前一人执彗，二人执梃，左向立；一史左向跪，双手捧案。其左前一人执笏右跪招呼前来吊唁的宾客，左边人　均向右执笏，前二列各四人跪拜，其后二列各三人，最后一列五人，皆恭立。左段地上置案、盘、盒等，案上放置果品、鱼、耳杯。案前一老者执笏右向跪。案、盒后二人右行，似布置祭品的侍仆。

图7　前室南壁上横额线图　画面上边饰锯齿纹、卷草纹、下边饰锯齿纹。画像为祭祀图。中部有一座庑殿顶重檐祠庙，其前两侧有子母阙、祠阙间二人执彗侧立。祠阙两旁的大道或广场上放置二几，几上有简册祭文；八个亲朋执笏，或跪拜，或躬揖，正在进行祭祀。另有侍者恭立侍候，一侍者牵祭羊。地上放置簠、盒、壶、袋等装祭品的用具，两旁远处停立亲朋乘坐的三辆轺车和一辆棚车，轺车上有御者。

图8　前室北壁上横额线图　画面上边饰锯齿纹、垂幛纹，下边饰内填兽首、莲花的宽带三角纹和锯齿纹。画像刻奇禽、异兽、神怪。

图9　前室南壁东段线图　画面上下分为两层，上边和层间饰锯齿纹和垂幛纹，右边饰锯齿纹。上层刻建鼓，鼓下悬小鼓，其下一人踞坐于席上，左手执枹，右手握着插于架上的长簮，鼓后植一株大树。

图10　前室南壁西段线图　画面上下分为两层，上边和层间饰垂幛纹，左边饰锯齿纹。画面与图9雷同，体现对称布局。

图11　前室南壁正中一段线图　画面分为上下两层，上边

和层间饰垂幛纹，左右边饰锯齿纹。上层刻武器库；下层两人佩剑捧盾，相背而立，为看管武器库小吏。

图12　前室北壁东段线图　画面上边饰锯齿纹、垂幛纹，左右两边饰锯齿纹。画像为青龙。

图13　前室北壁西段线图　画面上边饰锯齿纹、垂幛纹，左右两边饰锯齿纹。画像为白虎。

图14　前室北壁正中一段线图　画面上边饰锯齿纹、垂幛纹和卷云纹，左右两边饰锯齿纹、卷云纹。画像上刻一朱雀展翅站立；中刻蚩尤；下刻龟蛇相交缠的玄武。

图15　前室东壁北段线图　画面上边饰锯齿纹、卷云纹和垂幛纹，左右边饰锯齿纹、卷云纹。画像上部刻两翼虎交颈作相搏状；中部刻方相氏；下部刻独角有翼异兽。

图16　前室东壁南段线图　画面上边饰锯齿纹、卷云纹和垂幛纹，左右边饰锯齿纹、卷云纹。画像上部刻雷神。中、下部刻翼虎相搏。

图17　前室西壁南段线图　画面上、左、右边皆饰锯齿纹和卷云纹。画像上刻蹲踞的虎首神怪，中下部刻翼虎相搏图。

图18　前室西壁北段线图　画面上、左、右边皆饰锯齿纹和卷云纹。画像上部刻一羽人腾空飞舞，中、下部刻龙、凤、翼虎相搏图案。

图19　前室过梁和八角擎天柱上的散斗、拱与蜀柱的东面线图　画面上边饰锯齿纹，下边饰锯齿纹和卷草纹。画像刻一列奇禽异兽左向行。

图20　前室过梁和八角擎天柱上的散斗、拱与蜀柱西面线图　画面上边饰锯齿纹，下边饰锯齿纹和卷草纹。画像刻一列神怪、异兽左向行。

图21　前室过梁和八角擎天柱上的散斗和拱的南面线图、图22　前室过梁和八角擎天柱上的散斗和拱的北面线图　两散斗的上部均刻两只展翅的凤鸟相对，凤鸟间有两枚相叠的五铢钱，下部阴线刻卷云纹。蜀柱刻一虎首，张口露齿、舌，上边饰菱形纹。

图23、24、25、26　前室八角擎天柱上的栌斗和柱身的东、西、南、北面线图　立柱呈八角形，八面皆采用浅浮雕技法，各刻一列上下相叠的神怪、渔人、异兽。异兽多数有翼，有龙、虎、鹿、鸟首兽身兽、人首鸟身兽、双身单兽鹿等，有的异兽颈系绶带。

图27、28、29、30、31　前室八角擎天柱柱础的东、西、南、北面线图　圆形承柱上装饰双龙、龙、凤鸟图案，方形座上装饰花纹带。

图34　中室东壁上横额线图　画面上边饰锯齿纹、垂幛

纹，下边饰锯齿纹。画像刻乐舞百戏图。有飞剑掷丸、顶橦悬竿、七盘舞、击建鼓、撞编钟、敲石磬、演奏小鼓的女乐和吹排箫、击铙、吹埙、抚琴、吹笙的男乐。第二组，刻鱼龙漫衍之戏，分二列　上列左为三童绳架上表演舞幢和倒立，架右亦有一人倒立；右为三人吹箫伴奏。下列刻龙戏、鱼戏、豹戏和雀戏。第三组，刻马戏和戏车　上方两马相对奔驰，二童于马背上耍幢、鞭和执戟倒立，其右亦人持幢；下刻三马扮龙马驾方舆戏车，车上竖建鼓、长桯似欲击地上小鼓。

图35　中室南壁上横额东段线图　画面上边饰垂幛纹，下边饰锯齿纹。画像刻丰收、庖厨图。分为两组。左边一组是在准备把粮食收藏入仓库。右边一组刻庖厨图，画像的生活气息浓厚。

图36　中室南壁上横额西段线图　画面上边饰锯齿纹、垂幛纹，下边饰锯齿纹。画像刻迎候图。左端刻一座日字形的宅院，中一人捧盾右向恭立。左阙前停一四维轺车，右阙前木柱上系二马。阙前大道上四排十二人执壶右向迎候西壁上横额刻划的车骑出行队伍。

图37　中室西壁上横额线图　画面上边饰锯齿纹、勾连卷云纹、垂幛纹，下边饰锯齿纹。画像刻车马出行图。

图38　中室北壁上横额西段线图　画面上边饰锯齿纹、勾连卷云纹、垂幛纹，下边饰锯齿纹。画像联接西壁上横额车骑画像。

图39　中室北壁上横额东段线图　面上边饰锯齿纹、勾连卷云纹、垂幛纹，下边饰锯齿纹。画像刻车马出行图。

图40　中室南壁正中一段线图　画面分上、下两层。上边和层间饰锯齿纹、垂幛纹，左右边饰锯齿纹。上层刻马厩图，下层刻骑图。

图41　中室南壁东段线图　画面分上、下两层，上边饰锯齿纹、卷云纹、垂幛纹，左右边饰锯齿纹、卷云纹，层间锯齿纹、垂幛纹。画像均刻人物故事。上层为仓颉造字故事。下层二人相对交谈，有榜无题，故事无考。

图42　中室南壁西段线图　画面分上、下两层。上层为卫姬故事，下层故事无考。

图43　中室北壁正中一段线图　画面上下分两层。上边饰卷云纹、垂幛纹、卷云纹，左右边饰锯齿纹、卷云纹，层间饰二排锯齿夹一排卷云纹。上层为周公辅成王故事。下层刻持简册与笔的史官，有榜无题，故事无考。

图44　中室北壁东段线图　画面上下分两层。上边饰卷云纹、垂幛纹、下边刻青龙、白虎，左右边饰锯齿纹、卷云纹，层间垂幛纹。上层为蔺相如完璧归赵故事；下层故事无考。

图45　中室北壁西段线图　画面分上下两层。上边饰卷云纹、锯齿纹、垂幛纹，左右边饰锯齿纹、卷云纹、层间锯齿纹、垂幛纹。刻鸿门宴故事。上格两人为项庄舞剑，项伯对剑，下格为范增和张良。

图46　中室东壁北段线图　画面分上下两层。上边饰卷云纹、垂幛纹，左右边饰锯齿纹、卷云纹，层间锯齿纹、垂幛纹。故事无考。

图47　中室东壁南段线图　画面分上下两层，上边饰卷

云纹、垂幛纹，左边饰锯齿纹、卷云纹，右边饰卷云纹，层间饰锯齿纹、垂幛纹。上层为晋灵公欲杀赵盾故事。下层三榜无题，故事无考。

图48　中室西壁南段线图　画面分上下两层，上边饰卷云纹、垂幛纹，左边饰锯齿纹、卷云纹，右边饰锯齿纹、卷云纹，层间饰锯齿纹、垂幛纹。上层为孔子见老子的故事。下层二榜无题，故事无考。

图49　中室西壁北段线图　画面分上下两层，上边饰卷云纹、垂幛纹，左右边饰锯齿纹、卷云纹，层间饰锯齿纹、垂幛纹。为荆轲刺秦王故事。

图50　中室过梁和八角擎天柱上的散斗、拱与两旁双龙的东面线图　画面上边饰锯齿纹，下边饰锯齿纹、卷草纹。画像刻一列神怪、奇禽、异兽左向行。

图51　中室过梁和八角擎天柱上的散斗、拱与两旁双龙的西面线图　画面上边饰锯齿纹，下边饰锯齿纹、卷草纹。画像刻一列神怪、奇禽、异兽左向行。

图54、55、56、57　中室八角擎天柱上的栌斗和柱身的东、西、南、北面线图　立柱呈八角形，画面上边皆饰锯齿纹。八面画像皆刻满一列上下相叠的神异。除东面上方刻东王公怀抱琴形物，西面上方西王母拱手，皆端坐于山字形山峰顶的瓶装高座上，头悬华盖；南、北面上方各一童子拱手立于瑞草上，头后有圆形佛光外，其余画像为神怪、奇禽、异兽、水灵。

图58、59、60、61、62　中室八角擎天柱柱础的东、西、南、北面线图　内容均为装饰花纹带。

图66、67　后室过梁和梁下斗拱及其两旁双龙的东、西面线图　内容为带翼的龙、凤、鹿等祥瑞图案，西面中心部位为人首龙凤图。其余部位为装饰花纹带。

图68　后室靠南壁的承过梁的隔墙的东面线图　画面分上下两层。上边和层间饰锯齿纹、垂幛纹，左、右边饰锯齿纹。上层刻日用家具。下层刻三侍女，左持镜台，中捧奁，右执佛尘。

图69　后室靠北壁的承过梁的隔墙的东面线图　画面上下分两层，以横栏相隔，左右有边饰锯齿纹。上层刻四只鸟，其中二只引颈相斗；下刻一神怪；下层刻小阁，庑殿顶，前开一菱格窗，四周绕以栏杆，栏杆外以砖铺地；下刻一人右向俯身，手持短帚和箕，其前放置一虎子。

图70　后室靠北壁的承过梁的隔墙的西面线图　画面上下分两层。右边和层间饰锯齿纹。上层刻二只鸡，皆延颈展翅而立；下刻一神怪右向行，右手前平伸，左手执钺，钺把上系带、缨。下层，上刻一衣架，架上搭着衣服；下刻一几，几上放置四只式样不同的鞋。

图71　后室靠南壁的承过梁的隔墙的西面线图　画面上下分两层。上层和层间饰锯齿纹、垂幛纹，左右边饰锯齿纹。上层刻武器库。下层刻二侍者，左者捧簹，右者执便面和马头套。

拓片、照片

图1　墓门上横额拓片、照片

图2 墓门东侧支柱拓片、照片

图4 墓门当中支柱拓片

图3 墓门西侧支柱拓片、照片

图5　前室东壁上横额拓片

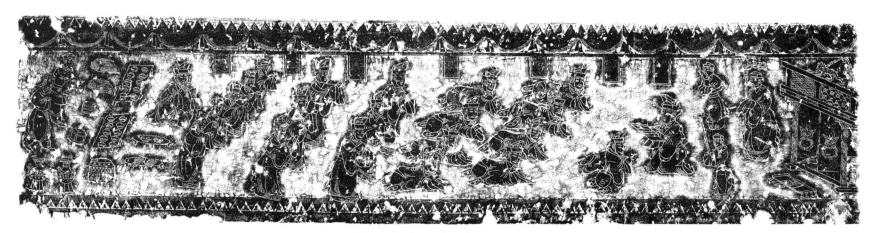

图6　前室西壁上横额拓片

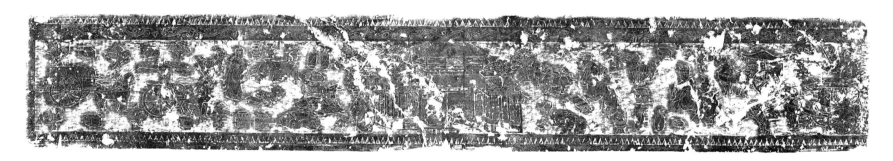

图7　前室南壁上横额拓片

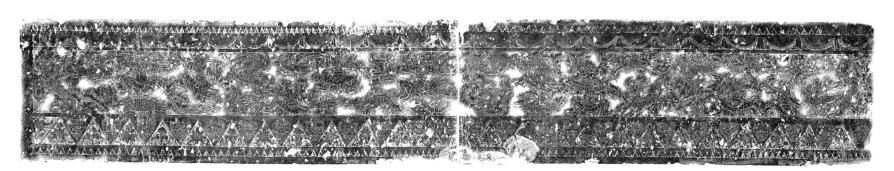

图8　前室北壁上横额拓片

图9 前室南壁东段拓片　　　　　　图10 前室南壁西段拓片　　　　　　图11 前室南壁正中一段拓片

图12 前室北壁东段拓片　　　　　　图13 前室北壁西段拓片　　　　　　图14 前室北壁正中一段拓片

图15 前室东壁北段拓片

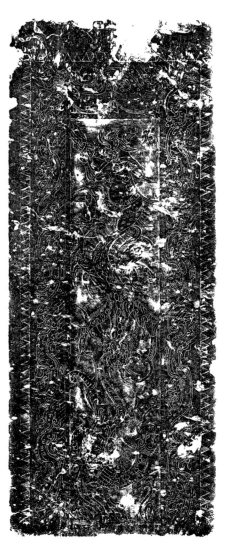

图16 前室东壁南段拓片

图17 前室西壁南段拓片

图18 前室西壁北段拓片

图19 前室过梁和八角擎天柱上的散斗、拱与蜀柱的东面拓片

图20 前室过梁和八角擎天柱上的散斗、拱与蜀柱西面拓片

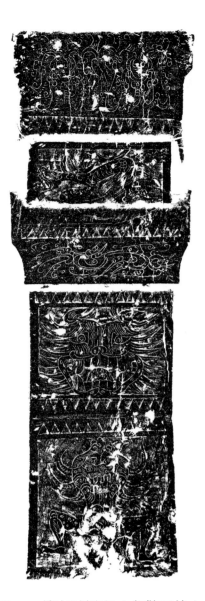

图21　前室过梁和八角擎天柱上
　　　的散斗和拱的南面拓片

图22　前室过梁和八角擎天柱上
　　　的散斗和拱的北面拓片

图23　前室八角擎天柱上的栌斗和柱身的东面拓片

图24　前室八角擎天柱上的栌斗和柱身的西面拓片、照片

图25　前室八角擎天柱上的栌
　　　斗和柱身的南面拓片

图26　前室八角擎天柱上的栌
　　　斗和柱身的北面拓片

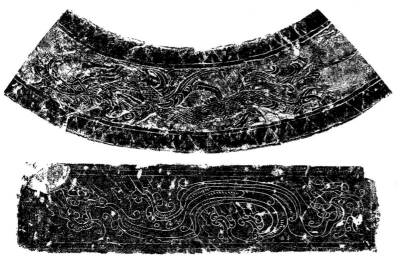

图27　前室八角擎天柱柱础的东面拓片

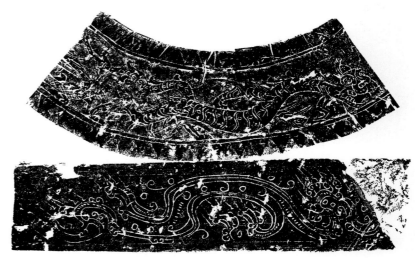

图28　前室八角擎天柱柱础的西面拓片

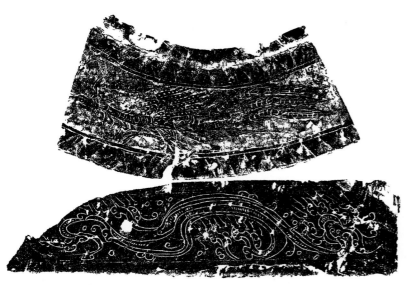

图29　前室八角擎天柱柱础的南面拓片

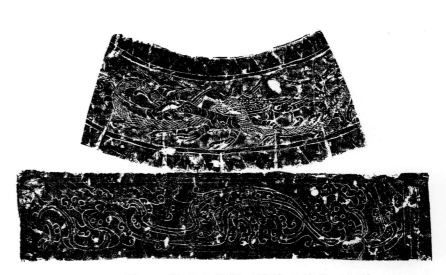

图30　前室八角擎天柱柱础的北面拓片

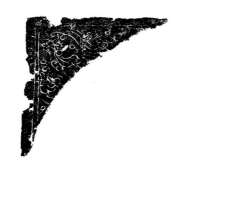

图31　前室八角擎天柱柱础四角的上面拓片

图34　中室东壁上横额拓片、照片

图35　中室南壁上横额东段拓片、照片

图36　中室南壁上横额西段拓片

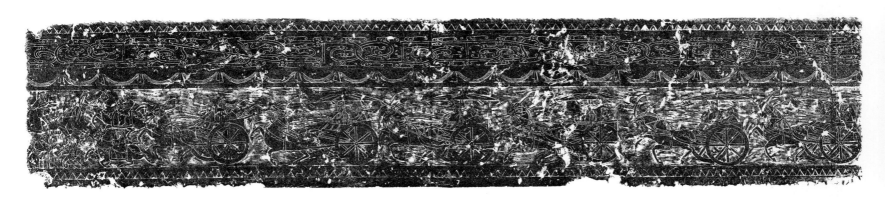

图37　中室西壁上横额拓片

图38　中室北壁上横额西段拓片

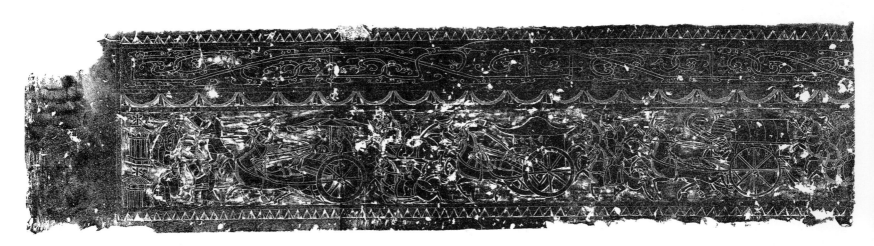

图39　中室北壁上横额东段拓片

图40　中室南壁正中一段拓片

图41　中室南壁东段拓片、照片

图42　中室南壁西段拓片、照片

图43　中室北壁正中一段拓片

图44　中室北壁东段拓片、照片

图45　中室北壁西段拓片

图46 中室东壁北段拓片

图47 中室东壁南段拓片

图48 中室西壁南段拓片

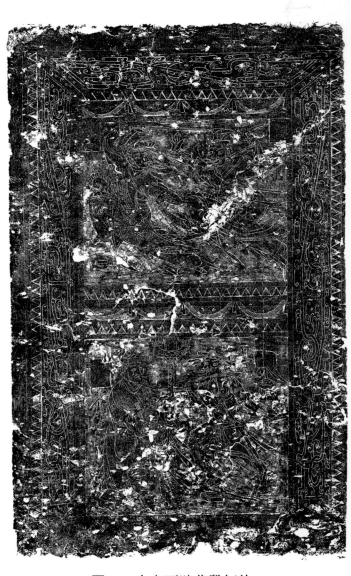

图49 中室西壁北段拓片

图50　中室过梁和八角擎天柱上的散斗、拱与两旁双龙的东面拓片

图51　中室过梁和八角擎天柱上的散斗、拱与两旁双龙的西面拓片、照片

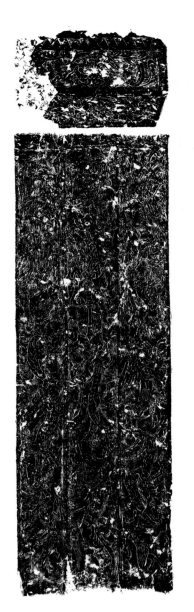

图54　中室八角擎天柱上的栌斗和柱身的东面拓片　　　　　　　图55　中室八角擎天柱上的栌斗和柱身的西面拓片

图56　中室八角擎天柱上的栌斗和柱身的南面拓片、照片　　　　图57　中室八角擎天柱上的栌斗和柱身的北面拓片、照片

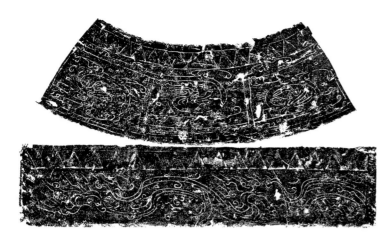

图58　中室八角擎天柱柱础的东面拓片

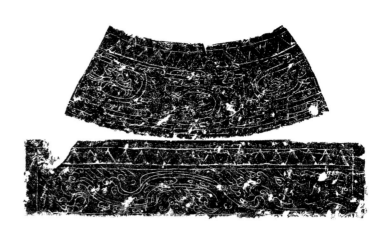

图59　中室八角擎天柱柱础的西面拓片

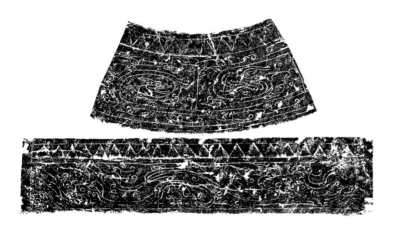

图60　中室八角擎天柱柱础的南面拓片

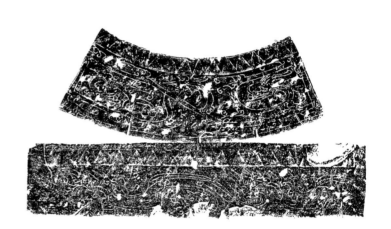

图61　中室八角擎天柱柱础的北面拓片

图62　中室八角擎天柱柱础四角的上面拓片

图66　后室过梁和下斗拱及其两旁双龙的东面拓片

图67　后室过梁和下斗拱及其两旁双龙的西面拓片

图68　后室靠南壁的承过梁的隔墙的东面拓片　　　　　　　　图69　后室靠北壁的承过梁
　　　　　　　　　　　　　　　　　　　　　　　　　　　　　的隔墙的东面拓片

图70　后室靠北壁的承过梁
　　　的隔墙的西面拓片

图71　后室靠南壁的承过梁
　　　的隔墙的西面拓片

北寨村墓龙虎图像探析

——为纪念北寨村汉代画像石墓发掘六十周年而作

杨爱国(山东省石刻艺术博物馆)

龙虎图自仰韶文化时期出现之后[1]，一直是我国古代艺术中常见的主题，汉代画像石也不例外。因其常见，人们除了在谈到四神(或四灵)时，或是在谈到乘龙升仙时才会涉及它们，但也是一笔带过而已，并未就其含义做深入的探讨。

就笔者所见，在一座汉代画像石建筑上出现众多的龙虎图像，没有比山东沂南北寨村墓多的。众多的龙虎图像寓意一律，还是有多重寓意[2]？笔者以为，北寨村汉代画像石墓中众多的龙虎不仅造型有别，寓意亦各不相同[3]。试分析探讨如下。

一

北寨村画像石墓的墓门由三根立柱分成两个门洞，门扉早年被盗，不知去向，其上是否有图，如果有图，是什么图像已不可知。墓门部位的图像位于门楣[4]和三根立柱上[5]。门楣上的图像内容是汉胡桥上交战；东立柱上的图像自上而下依次是神人抱伏羲女娲，东王公坐在山形座上，左右有羽人捣药，座间有一龙穿行[6]；中立柱上的图像是蹶张、虎和羽人；西立柱上的图像是虎，西王母坐在山形座上，左右有玉兔捣药，座间有一虎穿行。

原报告指出，墓门部位的图像"可能含有避除不祥、保护墓中人的意思在内"[7]，此意甚确。但报告者没有做更多的论证，现就笔者所见资料，补充论证如下。

原报告认为，门楣的汉胡交战，汉胜胡败与墓主人的事迹有关，已经被后来众多的发现所否定。在这幅图上，来自北方的胡人可能代表阴间，与之相对的汉人则可能代表阳间，汉胜胡败与实际的战争胜负没有必然的联系，与墓主人参加过的具体的战争(如果他生前参加过的话)更挂不上钩，它的寓意是阳胜阴败，说得再具体一点是地下的鬼怪被打败了，不能伤害葬在墓里的死者，死者可以"安息"了。立柱上的伏羲女娲、东王公、西王母、龙、虎等神灵也是同样的寓意。这里不谈别的，只谈龙、虎。

汉代铜镜铭文中有一类铭文是这样说的：

> 汉有善铜出丹阳，左龙右虎辟不祥，朱爵玄武利阴阳，八子十二孙治中央，法象天地，如日月之光，千秋万岁，长乐未央兮。

---

[1] 如河南濮阳西水坡45号墓中的龙虎蚌塑图。见濮阳市文物管理委员会、濮阳市博物馆：《河南濮阳西水坡遗址发掘简报》，《文物》1988年第3期，第1~6页。

[2] 关于多重寓意的说法，来自台湾研究院院士邢义田先生。参见邢义田：《汉代画像石中的"射爵射侯图"》、《汉代画像胡汉战争图的构成、类型与意义》，载氏著：《画为心声》，中华书局，2011年，第138~196、315~395页。

[3] 原报告对此已有所涉及，只是未作专题讨论。见曾昭燏、蒋宝庚、黎忠义：《沂南古画像石墓发掘报告》，文化部文物管理局，1956年。下引该书资料，只标页码。

[4] 原报告称"墓门上横额"。现按通行的叫法，改成"门楣"。

[5] 图版24~27。为了对前辈学者表示敬意，本文凡提到北寨村墓中的图像，皆标出原报告图版号，以便读者查考。为了节约版面，文中不附该墓的相关图像。

[6] 原报告说是"兕"形动物。第12页。

[7] 第30页。

尚方作镜大毋伤，巧工刻之成文章，左龙右虎去不祥，朱雀玄武顺阴阳，八子九孙居中央，长宜侯王。

这是汉代铜镜中常见的一类铭文，除了上述两例外，还有更多的变体，但不论怎么变，"左龙右虎辟不羊（祥）"、或"左龙右虎去不羊（祥）"是这类铭文不可缺少的。如湖北鄂城出土的尚方四神博局镜铭曰："尚方作竟大毋伤，左龙右虎辟不羊，朱鸟玄武顺阴阳，子孙备具居中央，长保二亲具富昌，如侯王"[8]。湖南出土东汉尚方七乳四神镜铭文曰："尚方作竟大毋伤，巧工刻之成文章，左龙右虎除不祥，朱鸟玄武顺阴阳，寿敝金石乐示央，长保二亲富贵昌，子孙备具居中央，女为夫人男为卿"[9]。还有一些铜镜铭文，文句虽与此有别，强调青龙在左，白虎居右则一致。如山东邹城峄山镇照山庄出土的东汉神人走兽画像镜铭曰："袁氏作竟真大巧，上有东王公，西王母，青龙在左，白虎居右，山人子赤诵子，仕至三公，贾万倍，辟去不详"[10]。广州东汉后期墓出土棃言禽兽博局镜铭文曰："棃言之纪镜舒如，仓龙在左，白虎在右，辟去不阳宜古市，长宜君亲利孙子"[11]。河南洛阳出土东汉陈氏六乳禽兽镜铭文曰："陈氏作竟日有憙，令人阳口贵豪富，口口细守名目治，左有青龙来福，右白虎居前口贵风口为口口异口口口象口造工胜"[12]。

很巧的是，北寨村墓墓门向南，墓门立柱的龙、虎也分别位于左（东）、右（西）立柱上[13]，与铜镜铭文所述方向一致。另外，济南历城区黄台山画像石墓立柱上也有"左交龙"、"右白虎"的榜题（图一）[14]，陕西神木大保当16号画像石墓左门扉青龙胯下墨书"青龙在左"，右门扉白虎胯下墨书"白虎在右"[15]。其上龙、虎的方向与北寨村墓墓门立柱上的龙、虎方向相同（图二）。更多的墓门立柱上的龙、虎没有榜题说明其左右，但排列却是左龙、右虎。如山东淄博张庄东汉画像石墓墓门

图一　济南历城区黄台山墓立柱拓本

图二　陕西神木大保当16号墓墓门组合拓本

向南，左门柱上刻青龙，右门柱上刻白虎[16]。陕西神木大保当1、2、3号画像石墓墓门皆向北，左门柱刻青

[8]　孔祥星：《中国铜镜图典》，文物出版社，1992年，第268页。

[9]　孔祥星：《中国铜镜图典》，文物出版社，1992年，第347页。

[10]　胡新立、王军：《山东邹城古代铜镜选粹》，《文物》1997年第7期，第65～68页，第66页，图五。

[11]　孔祥星：《中国铜镜图典》，文物出版社，1992年，第299页。

[12]　孔祥星：《中国铜镜图典》，文物出版社，1992年，第340页。

[13]　依墓葬自身的方向，非观者的方向。本文涉及建筑和图像左右皆是其自身的方向，非观者的方向。

[14]　山东省博物馆、山东省文物考古研究所：《山东汉画像石选集》，齐鲁书社，1982年，图506、507。

[15]　陕西省考古研究所、榆林市文物管理委员会办公室：《神木大保当——汉代城址与墓葬考古报告》，科学出版社，2001年，第63页。可惜原石照片上看不出墨迹。

[16]　淄博市博物馆：《山东淄博张庄东汉画像石墓》，《考古》1986年第8期，第717～725页。

龙，右门柱刻白虎[17]。陕西神木大保当11号画像石墓墓门向东，左门柱刻青龙，右门柱刻白虎[18]。可见，"左龙右虎辟不祥"是当时流行的观念。

二

北寨村墓前室北壁三根立柱与墓门三根立柱对应，东立柱刻龙，西立柱刻虎，中间立柱上刻朱雀，下刻玄武[19]，这里的龙当是青龙，虎当是白虎，它们与朱雀、玄武共同组成代表上下左右四方的四神。

北寨村墓前室中间八角立柱下的覆盆形柱础上面按东西南北刻了青龙、白虎、朱雀、玄武，这是东西南北的四神。由此看来，在汉代人眼里，只要是四方，不论是上下左右，还是东南西北，都可以用青龙、白虎、朱雀、玄武来表示。

湖北随州曾侯乙墓是战国早期（公元前433年或稍后）的墓葬，该墓出土的漆箱盖顶外面图案，除布列二十八宿星名及北斗之外，于东宫和西宫两侧绘有龙虎。但是龙在左，还是虎在左，则有两种完全相反的看法。王健民等人研究文章[20]和原报告[21]的图上是左龙右虎；而冯时研究濮阳西水坡45号墓蚌塑图的文章，引用该图时，旋转了180度，变成了左虎右龙，是西水坡传统的延续[22]。无论如何，这是目前我们知道的最早的二十八宿与四神相结合的图像。而文献中这种完美的结合要等到司马迁在《史记·天官书》中的记录[23]。

不过，四神是先用来表示天上的方位，还是先用来表示地上的方位，似尚不能遽断，战国文献中在谈到地上的方位时也已经用到了四神。如《吴子·治兵》中就讲到如何用四神布兵："必左青龙，右白虎，前朱雀，后玄武，招摇在上，从事于下"[24]。《礼记·曲礼》也有类似的记载："行，前朱鸟而后玄武，左青龙而右白虎，招摇在上，急缮其怒，进退有度，左右有局，各司其局"[25]。无论如何，四神的观念在战国时期已经形成了，并且不仅用于标识天上的星座，也用于布置地上的士兵。

图三　济南长清区大街村墓门楣拓本

到了西汉以后，四神的观念就很普及了，不仅首都长安的平面布局有这样的四方观念，就是在埋葬死人的墓葬中也常见。如济南长清区大街村画像石墓门楣上的"左交龙右白虎"榜题，图像上榜题左边是交龙，右边是白虎，上为朱雀，下为玄武(图三)[26]，与北寨村墓前室北壁三根立柱上的布局相同，是上下左右的四神。

[17] 陕西省考古研究所、榆林市文物管理委员会办公室：《神木大保当——汉代城址与墓葬考古报告》，科学出版社，2001年，第37页，图三七；第41页，图四五、四六；第45页，图五一。

[18] 陕西省考古研究所、榆林市文物管理委员会办公室：《神木大保当——汉代城址与墓葬考古报告》，科学出版社，2001年，第87页，图一二一。

[19] 图版32、33。

[20] 王健民、梁柱、王胜利：《曾侯乙墓出土的二十八宿青龙白虎图象》，《文物》1979年第7期，第40～45页。

[21] 湖北省博物馆：《曾侯乙墓》(上)，文物出版社，1989年，第356页，图二一六-1

[22] 冯时：《河南濮阳西水坡45号墓的天文学研究》，《文物》1990年第3期，第52～60页，第52页，图一。

[23] (西汉)司马迁：《史记》卷二十七《天官书》，中华书局，1959年，第1295～1310页。

[24] 《吴子·治兵》，文渊阁四库全书电子版。

[25] 《礼记·曲礼》，《十三经注疏》本，中华书局，1980年，第1250页上。

[26] 谢治秀主编：《辉煌三十年——山东考古成就巡礼》，科学出版社，2008年，第282页。

不过，画像上的四神，应不只是标明方位，同时也有"左龙右虎辟不祥，朱鸟玄武顺阴阳"的寓意。

三

北寨村墓前室北壁门楣上刻的是形态怪异的奇禽异兽图[27]，图的东端是前肢分别持钩镶和棨戟的虎向东（左）侧立，图的西端是前肢分别持盾和棨戟的龙向西（右）侧立，似乎在保护二者之间，不知其名的奇禽异兽。这些奇禽异兽仅从形态上可以称之为鹿、兽头鱼、双人头蛇、人头鸟、独角兽、龙头兽、虎头兽等，中间上方的图像似为朱雀，其下的图像似为玄武。如果按门楣下的立柱上的四神来理解，则龙、虎的方向正好相反。这种现象的出现是工匠的误刻，还是陈亮所谓的"阴阳别气"[28]，抑或两者都不是，它们与方位无关，只是和其他奇禽异兽图一样，尚难定论。

与奇禽异兽在一起的龙、虎，除了前室北门楣上的图像外，前室与中室中间过梁及其下的八角立柱上都有此类图像，如前室过梁东面刻的是龙、虎与鸟、鹿等禽兽相间排列的图像[29]，图像上的虎，头是虎形，身则更像龙，不仅身躯瘦长，身上的网格纹[30]，开叉的尾巴更与图上的龙一致。与之相隔的西面的羽人和奇禽异兽图上刻有一条翼龙[31]。前室八角立柱上刻有多只龙虎，虎除了几个仅刻头部的外，和龙一样，身体多扭曲，做回头向下状[32]。龙的图像还有变形者，如立柱西面一条龙身上却长着三个人头。中室过梁东面上的龙虎图没有像前室过梁东面上的那样刻出开叉状，与它们组合在一起的其他形象与前室过梁东面也不同[33]。与之相隔的西面龙身上刻有九个人头，原报告考其为九首的人皇[34]，笔者以为恐难成立。其前是一只翼虎，其后是一羽人戏比翼鸟[35]，只能把九头人面龙也看成是它们的同类，单独考其为人皇，无法解释图像组合的意义。从这一点来讲，把"九头人面兽"考证为与西王母同处的"开明兽"也有再思考的空间[36]。中室立柱上的龙虎也多有所见[37]，其中立柱东面上的龙前肢执一棨戟，而北面的一条龙则长着鸟头。后室过梁两面的奇禽异兽图上也都有龙虎[38]。

对于画像石等汉代艺术品上的奇禽异兽，不少学人喜用《山海经》对照考释，北寨村画像石墓的报告者六十年也是这么做的。他们认为："《山海经》原图，有一部分亦为大幅图画或雕刻，有类于今日所见画像石，故经文常云：某某国在某某国东，某某国在某某国北，某人方作某事，似专为纪述图画面成文者。由于《山海经》具备这些特点，我们今日以之与沂南石刻相比证，是很适宜的。"[39]笔者以为此说可商。

从东汉王延寿的《鲁灵光殿赋》等历史文献看，凡提到山神海灵、奇禽异兽者，无一言及《山海经》的，这是其一。其二，如果把今天见到的画像石上的奇禽异兽图中的单个动物抽出来，与《山海经》中的类似图像相比较，确有雷同或近似的地方，如原报告中考证的毛民之国、一臂国、泰逢、计蒙等[40]。但如果我们把北寨村墓画像中的奇禽异兽图的组合与《山海经》某山经或海经的动物、神怪组合对照考察，则很难有对上一幅。

《山海经》以地理分布的方式，记录了当时人所见的人或动物遗传变异的奇怪形状，或人们根据传

---

[27] 图版29下。我以前曾把它称作"祥禽瑞兽"图，现在看不妥，因为无法指认每一种禽兽是什么祥瑞，而"奇禽异兽"确是汉代人自己的说法。见《后汉书》卷八十六《南蛮西南夷传·莋都夷传》，中华书局，1965年，第2857页。

[28] 陈亮：《汉代墓葬门区符箓与阴阳别气观念研究》，《中国汉画研究》(第三卷)，广西师范大学出版社，2010年，第33～227页。

[29] 图版38。

[30] 前室北壁东立柱上的青龙身上打网格，西立柱上的白虎身上刻条形纹。见图版32。

[31] 图版39。

[32] 图版42、43。

[33] 图版61。

[34] 第43页。

[35] 图版62。

[36] 不过这是另外一个问题，需另文讨论。

[37] 图版65～68。

[38] 图版75、76。

[39] 第42～43页。

[40] 第43～44页。

说、神话编出的神怪形状，不仅有文字，还绘有与之对应的图像。在《山海经》成书的同时，应当还有其他不同版本的奇禽异兽图书或口头传说在社会流行，只是它们的文本形式没有流传下来，而《山海经》很幸运地传下来了，于是在汉代艺术品上遇到奇禽异兽图时，我们首先想到的就是《山海经》。当然，其他版本的类似图书或传说，肯定也会有与《山海经》重叠的地方，因此，以《山海经》为依据对汉代画像石上的奇禽异兽图做个别考证也不是全无道理，只是不宜过分强调两者之间的联系。每一座画像石墓，如同鲁灵光殿一样，都是一座独立的建筑，它们要营造的空间与自身的功能密切相关，我们还找不到一座墓是参照《山海经》来设计建造的。不仅如此，东汉时期"画山神海灵奇禽异兽"的"郡尉府舍"[41]也不会按《山海经》来设计建造。

四

北寨村墓前、中、后三个主室皆由南北方向的过梁分成左右两间，前室和中室过梁下用了斗拱和立柱，后室较低矮，没用立柱而是斗拱直接立在下面的隔墙石上。

中室和后室斗拱两侧加刻了一对龙形拱，它们与过梁、斗拱为一石[42]。正如原报告指出的那样，它们既有实际的分担重量的作用，也起到了装饰的效果。而斗拱两侧的龙，可能是班固《西都赋》中"因环材而究奇，抗应龙之虹梁，列棼橑以布翼，荷栋桴而高骧"[43]应龙的引申[44]。

说到装饰的龙，北寨村墓中除了位于斗拱两侧的既实用又装饰者外，还有纯粹属于装饰性质的龙纹。如前室斗拱东西两面的勾连云纹中有线刻的龙头形象[45]。中室北壁东立柱历史人物故事图下边的龙虎图，翼虎在前，翼龙在后衔虎尾[46]。中室过梁下斗拱的拱上，南刻龙，北刻虎，相对做奔走状[47]。

五

北寨村墓中雕刻如此众多的龙、虎图，且形态各异，绝无雷同，设计图样的工匠显然不仅喜欢在图像组合中多画龙、虎的形象，也极擅长雕刻它们。这类图像也得到了墓主及其家人的认可。北寨村墓按20世纪50年代初的建造能力，用工在4700个以上，东汉晚期建造这样的墓葬用工不会比这少，只会比这多，因此，它是预作的寿藏的可能性极大[48]。既然是预作，墓室结构、规模、图像装饰等都是先经墓主人或其家人认可的。尤其是图像，除了认可外，有的可能还是他们特别想强调的，如中室四壁的历史人物故事图像，周边地区同时期其他画像石墓中罕见历史人物故事图，而这一座墓中却雕了九石十八幅图像，显然不只是工匠喜欢雕刻这些图像，墓主人或其家人更喜欢这些图像。刻了这些历史人物故事图，墓主人儒雅的身份就突出出来了，表明他希望把这个身份带到死后的世界去。龙、虎图和墓主的身份没有什么内在联系，但在墓里刻画数量如此的龙、虎图，墓主人及其家人对它们的重视似无可怀疑。

众多的龙、虎图，尤其是明显寓意辟邪的龙、虎图，与当时流行的丧葬观念有密切关系。地下不知名的鬼怪可能伤害死者的观念在新石器时代就出现了，考古发现中，在新石器时代墓地发现的祭祀遗迹就是用来祭祀地下鬼怪，请它们不要伤害死者的[49]。如江苏邳州刘林大汶口文化墓地单独埋葬了一只狗[50]，在埋人

[41]　《后汉书》卷八十六《南蛮西南夷传·莋都夷传》，中华书局，1965年，第2857页。

[42]　图版13、16、61、62、75、76。

[43]　班固：《西都赋》，载萧统编，李善注：《文选》卷一，上海古籍出版社，1986年，第11页。

[44]　第53页。

[45]　图版38、39。

[46]　图版55。

[47]　图版61。

[48]　第42页。

[49]　靳桂云：《中国新石器时代祭祀遗迹》，《东南文化》1993年第2期，第50～62页。

[50]　《江苏邳县刘林新石器时代遗址第二次发掘》，《考古学报》1965年第2期，第9～48页。

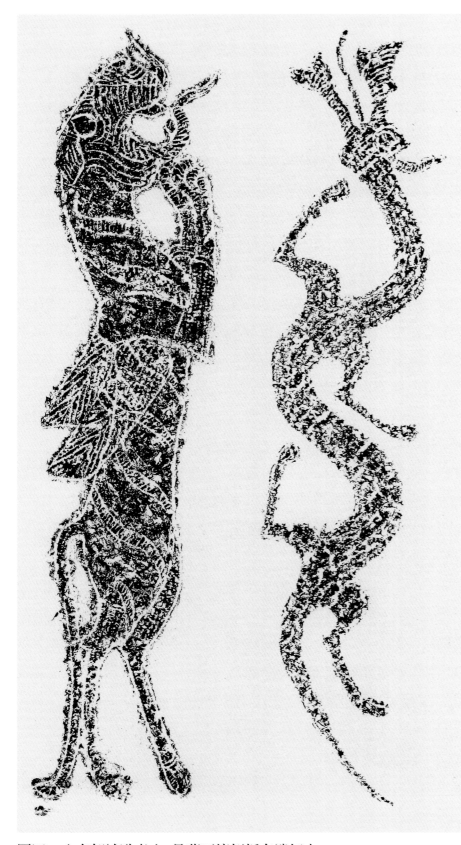

图四　山东邹城卧虎山2号墓石椁侧板东端拓本

的墓地有意埋葬一只狗，其寓意最大的可能就是祭祀。而这种以狗祭墓的习俗还被后来商周时期的墓葬腰坑所继承。祭祀是"敬"，后来人们发现只是敬可能不一定行，于是又想到了"禁"，为了禁，人们发明了镇墓兽，据目前的考古发现，东周时期的楚国人最先这么做了。如河南信阳长台关1号楚墓椁室的后室中部有一彩绘木雕镇墓兽，它和其他木俑放在一起[51]。图像被用来装饰墓室之后，人们把辟邪的观念也加到了图像上，于是大量的被赋予了辟邪意义的龙、虎图像被刻在了墓室里。在古人的观念里，死人与活人是一样的，安全第一，只有辟邪做好了，墓主的地下生活才会安全。只有安全了，才能享受祭祀、宴饮、乐舞等各种生活内容，阴间的生活也才能有幸福可言。北寨村墓重视辟邪不仅表现在众多的龙、虎图和门楣上的汉胡交战图上，还表现在后室里。后室后壁虽然未刻图像，但后室两间隔墙北段东西两面上层都有不知名的神怪，上肢执兵刃[52]。它们被刻在象征寝的后室靠后墙处，无疑是为了防止鬼怪从后墙进入墓中伤害死者。对后墙进行防御，北寨村墓不是孤例，山东东阿邓庙画像石墓的后壁刻有铺首衔环图像[53]，类似墓门门扉上的铺首衔环，其寓意也与墓门上的图像相同。

把龙、虎刻画在墓里用于避邪，不是从北寨村墓才开始的，可能从西汉晚期就出现了，而此前墓葬中的龙虎图即使有这样的寓意，也不是主要的，如河南永城柿园西汉早期梁王崖墓墓顶壁画上的龙虎就主要是指天[54]，和避邪关系不大，甚至没有关系。到了西汉晚期，情况发生了变化，山东地区早已出现的石板椁上[55]，开始刻画用于辟邪的图像。如山东济宁师专4号墓石椁南挡板刻门阙守卫图，高大的门亭顶立对鸟，两侧是对称的重檐双阙，门亭里两个门卫相对而立，门卫手中皆执兵器[56]。而龙和虎的图像也就在这个时候，被刻在石椁的头端，用于避邪。如山东邹城卧虎山2号墓石椁侧板西端刻重檐双阙，阙下二门卫执棨戟相对而立，北侧板东端刻龙，南侧板东端刻虎（图四），正是左龙

[51]　河南省文物研究所：《信阳楚墓》，文物出版社，1986年。

[52]　图版78、79。

[53]　陈昆麟、孙淮生、刘玉新、杨燕、李付兴、吴明新：《山东东阿县邓庙汉画像石墓》，《考古》2007年第3期，第32～51页。

[54]　河南省商丘市文物管理委员会、河南省文物考古研究所、河南省永城县文物管理委员会：《芒砀山西汉梁王墓地》，文物出版社，2001年，第81～147页。

[55]　这种石椁用石板围成，与战国时期齐国墓葬以及其他地区的积石椁不同。

[56]　济宁市博物馆：《山东济宁师专西汉墓群清理简报》，《文物》1992年第9期，第22～36页。原报告说是二人相对抱拜，与原图不符。

右虎的排列，又是刻在椁板外面，避邪的寓意十分明显。石椁东挡板外面刻半启的门，门缝处有执兵卫士，门扉上刻相对的虎和铺首衔环，门扉相对的外下角各刻一狗[57]，与侧板东端的龙、虎组成了严密的防守阵势。从此以后，龙、虎作为墓室门区防卫图像经常出现在东汉时期的画像石墓上，北寨村画像石墓是其中典型的一例。东汉以后，墓室里的龙虎图像仍然在沿用，如江南丹阳胡桥吴家村南朝墓，墓室左壁（东壁）前方为"天人、大龙"，右壁（西壁）为"天人、大虎"；墓室后部上方为竹林七贤图[58]。福建闽侯南屿南朝墓为凸字形单室砖墓，墓内画像砖左右对称配置，僧人和青龙砖用在左壁，侍者和白虎砖用在右壁[59]。河北磁县湾漳北齐壁画墓长达37米的墓道两壁绘满壁画，中心内容是各由53人组成的仪仗出行行列，东壁的仪仗队伍前绘朱雀、神兽、青龙等，西壁与青龙相对的位置绘白虎[60]。到隋唐时期，还能在有装饰的墓葬中看到左龙右虎的配置，如山东嘉祥英山隋徐敏行墓西壁绘男主人备马出行图，上方有白虎；东壁绘徐侍郎夫人出游图，上方有青龙[61]。唐代壁画墓中，长乐公主墓[62]、永泰公主墓[63]、懿德太子墓[64]、章怀太子墓[65]等的墓道左右都分别绘有龙虎图像。辽宋元时期，墓中刻画龙虎图像的比较少了，但仍有遗存。如辽宁朝阳西三家辽早期墓自墓门西侧绘白虎，头向墓门，头前有一团球形火焰，四爪下各有一朵祥云；玄武，其下为竹林幔帐；墓门东侧绘青龙，头向墓门，与白虎对称[66]。山东莱州南五里村元丰七年（1084年）壁画墓墓室东壁墨绘青龙，八个侍女在厨内备宴，中间两张相连的方桌上放着盛满瓜果和面点的盘子，一侍女手持的团扇上写"金车入门"，另一侍女手持的团扇上写"富贵日兴"；西壁墨绘白虎，六乐伎奏鼓、笛、笙、琵琶、管、拍板等乐器，一侍女手持团扇上写"囗囗齐寿"[67]。福建将乐光明乡元初壁画墓西室西壁自墓门向内绘花瓶，瓶下绘雄鸡，鸡左绘青龙，龙左绘人物轿舆图，壁上方绘云彩；东壁自墓门向内绘家犬，犬后龛上绘白虎，虎后绘人物鞍马图[68]。明清时期的装饰墓葬中未见龙虎的图像，不仅墓门部位不见了，墓室内亦未见，人们似乎不再用龙虎来装饰墓室，这可能和它们在人们心中辟邪的寓意消失有关，更有可能与龙的神圣地位有关，龙的图像已经不是官吏平民可以用的了。龙不能用了，虎失去了对称物，也跟着退出了墓室装饰，原先由它们表达的寓意被其他图像或器物替代了。

北寨村画像石墓中的龙虎图既有"左龙右虎辟不羊"的寓意；也有和朱雀、玄武一起表示方位的；还有与奇禽异兽组合在一起，构成一个我们不知名的世界的；还有的则仅是为了实用或装饰，未必有什么寓意。不管怎样，它们的意义是多重的，这些寓意既和它们所处的方位有关，也和它们与其他图像的组合有关。

[57] 邹城市文物管理局：《山东邹城市卧虎山汉画像石墓》，《考古》1999年第6期，第43～51页。第46页，图八；第49页，图一三左下。

[58] 南京博物院：《江苏丹阳胡桥南朝大墓及砖刻壁画》，《文物》1974年第2期，第44～56页。

[59] 福建省博物馆：《福建闽侯南屿南朝墓》，《考古》1980年第1期，第59～65页。

[60] 中国社会科学院考古研究所、河北省文物研究所邺城考古工作队：《河北磁县湾漳北朝墓》，《考古》1990年第7期，第601～607页。

[61] 山东省博物馆：《山东嘉祥英山一号隋墓清理简报》，《文物》1981年第4期，第28～33页。

[62] 昭陵博物馆：《唐昭陵长乐公主墓》，《文博》1988年第3期，第10～30页。

[63] 陕西省文物管理委员会：《唐永泰公主墓发掘简报》，《文物》1964年第1期，第7～33页。

[64] 陕西省博物馆、乾县文教局唐墓发掘组：《唐懿德太子墓发掘简报》，《文物》1972年第7期，第26～32页。

[65] 陕西省博物馆、乾县文教局唐墓发掘组：《唐章怀太子墓发掘简报》，《文物》1972年第7期，第13～25页。

[66] 辽宁省文物考古研究所：《朝阳市龙城区西三家辽墓》，载《辽宁考古年报——铁朝高速公路特刊》(2006)，第68～75页。

[67] 闫勇、张英军、杨文玉、许盟刚、赵娟：《胶东地区首次发现宋代纪年壁画墓》，《中国文物报》2013年12月6日第8版。

[68] 福建省博物馆、将乐县文化局、将乐县博物馆：《福建将乐元代壁画墓》，《考古》1995年第1期，第32～36页。

胡汉交兵画像的再思考
——从沂南北寨汉墓墓门门楣画像说起

于秋伟（山东博物馆）

一　沂南北寨汉墓胡汉交兵画像

沂南北寨汉画像石墓的胡汉交兵画像发现于墓门横额，东西长260、宽45厘米，画面的中间是一座下有两个桥墩，桥上设有栏杆，两端立柱的桥。西段为汉兵，主体是一辆马拉的施帷辂车，车内前部坐着御者，右手扬鞭，左手持辔；后部坐一人，应为汉兵官员。车前有四人持钺，有两骑兵导引，车后有两骑兵随从，骑兵皆一手持长椎，肩扛长戟，戟有缨带。车前的上空有两只小鸟飞翔。再之前是大队的步兵正在上桥，21名士兵一手持环首刀、一手持盾，其中有些正在上桥，有些已在桥上行走。这些步兵皆头戴帻，着短褐。汉兵前锋处于桥东段，已经与胡兵交战，桥柱后一胡人步兵已经身首分离，但仍直立着。桥柱前有三个胡人步兵跪下乞降，另有一人正被下桥的汉军步兵斩首，以及四五个被砍下来散落的胡人头颅。画面东段重峦叠嶂，胡人后队为两骑兵持刀执盾，之前为两骑兵和五步兵，正张弓而射。胡人皆眼眶深凹、鼻梁高挺，身着短装，头戴尖顶胡帽，跨越重重山峦而来。两军交战主要位于画面东段上桥处，汉人将胡人压制在桥头之下，象征着汉兵取得了胜利。

桥下还描绘了渔人捕鱼的场景，有的在使用罩网罩鱼，有的用网捞鱼，还有徒手捉鱼者。鱼在水中游，情景逼真。另有五人坐在船上，三人划桨，正向前行进。（图一）

沂南北寨汉墓胡汉交兵画像的发现，导致众说纷纭，焦点在于这幅胡汉交兵画像雕刻在墓门横额上的寓意究竟是什么？目前有生前功绩说、流行题材说、辟邪说和升仙说等等。遗憾的是，汉代的造墓人和工匠均没有留下可资考证的文字和说明，单纯从一幅画像展开联想和猜测是不可靠的，要最接近于真实，还需要从更多的材料中来发现线索。

图一　沂南北寨汉墓门楣上的明汉交兵画像

二　胡汉交兵画像发现及其考证

根据邢义田先生的统计，目前我国境内所见的汉画胡汉交兵画像共32幅，详见先生文章，这里不再一一列举了[1]。我非常赞同先生在文章中对胡汉交兵画像所做的工作，尤其是画像的研究史和各家之言，都详细的列于文中，对于此类画像的研究大有裨益。

从文章的附表中可以看到：胡汉交兵画像分布的时间和空间上均较为广阔，在雕刻的对象上也比较丰富，可以看到这是汉代十分受欢迎的一种画像题材。

1. 在时间上，邢义田先生注意到了山东济宁萧王庄石椁墓画像的材料，认为是目前时代最早的。我个

---

[1]　邢义田：《汉代画象胡汉战争图的类型、构成和意义》，《台湾大学美术史研究集刊》19(2005):1—72。

人也同意先生的观点，根据本人目前对山东地区石椁墓资料的收集和研究，萧王庄石椁墓的年代约为西汉晚期，这个时期的胡汉交兵画像还是孤例，意义较为重大，大大提前了这类画像出现的时间[2]。目前的研究表明，在西汉晚期的石椁上，开始出现了复杂构图的画像，如庖厨图、乐舞图都已经出现了，萧王庄石椁墓画像中的胡汉交兵画像，也是在这一时期出现的。画面上，车、马均为汉军，只在最后，一位汉人步兵用绳索牵着一胡人俘虏，表示了这幅画像是胡汉交兵画像中的献俘图。

2．在空间上，根据邢义田先生的统计，胡汉交兵画像分布在山东、河南、陕西、内蒙古等省，共32处。其中以山东的发现最为集中。目前山东发现28处、河南1处、陕西2处、内蒙古1处。在山东省内的分布上，济宁发现12处、枣庄4处、临沂5处、济南5处、潍坊1处、日照1处。以泰沂山脉以南的鲁中南、鲁东南地区为主，按照东汉历史地理划分，分属兖州刺史部、徐州刺史部和豫州刺史部。

根据笔者的统计，在这28处之外，山东还发现胡汉交兵画像6处，分别是：济宁2处、枣庄1处、临沂3处（详见附表）。

3．在雕刻位置上，胡汉交兵画像广泛分布在汉代陵墓建筑的阙门、祠堂及墓室上，此外在汉代的壁画和画像砖上也有发现。在32处之中，其中阙2处、祠堂9处、墓室19处、壁画墓1处、画像砖1处。在笔者的新统计中，6处均位于墓室。

关于胡汉交兵画像的考证，邢义田先生在文中进行了详细的列举，这里不再重复。在总结前人研究的基础上，先生将胡汉交兵画像分为交战图、献俘图、狩猎图三大部分。这样明确的分类与先生汉画格套理论不谋而合，那么，如果这种汉画的格套成立，其最初的画稿应该是什么样子的呢？这就要求研究者要注意最早的画像，我们先从最早的济宁萧王庄石椁画像上的胡汉交兵画像入手。

济宁萧王庄一号石椁墓北侧板上，分为左、中、右三格。中间为谒见图，墓主人右侧为乐舞图，左侧为献俘图。献俘图为胡汉交兵画像无疑，画面中，上部是两辆轺车，一马驾车，车上二人。中间是三单骑，手持长戟。下层为步兵，手持兵器，最后一人以绳索牵着一俘虏（图二）。这样的画面在东汉时期嘉祥境内的五老洼、宋山等地出土的画像石上常见，也就是邢义田先生所称的献俘图[3]。

图二　济宁萧王庄汉墓石椁上的胡汉交兵画像

但是在画面中，却没有胡汉交兵画像中常见的桥梁的踪影，证明最初的胡汉交兵画像中是没有桥的，起码在济宁地区的汉代画像传统中可以这么认为。那沂南汉墓门楣上胡汉交兵画像中的桥是从何而来的？桥的作用又是什么呢？

汉画像石中桥的画像出现也较早，在山东济宁师专墓群10号石椁墓中，东壁画像的右格雕刻了一座弧形桥梁，桥上刻狩猎图，桥下有船，有捕鱼者，这座石椁墓的时代为西汉晚期，与胡汉战争画像出现的时间大致相当（图三）。

东汉时，山东地区发现的桥梁画像主要包括嘉祥武氏祠3块，临沂白庄1块，苍山城前、前姚、兰陵各1块，莒县东莞1块，沂南北寨1块[4]。从画像内容看，嘉祥、莒县为七女为父报仇的故事，济宁师专为狩猎

[2]　在笔者实际调查的汉代石椁画像中，西汉直到晚期才大量出现复杂的画像，而在此之前，石椁上的画像非常简单而且一致，这就提出了非常重要的问题：究竟是社会中怎样的思想变革导致了这种画像的改变？儒家思想在元帝时被推崇到极高地位，导致了儒家思想走向极端，谶纬甚嚣尘上，是否是导致这种改变的思想的原因？

[3]　胡广跃、朱卫华：《济宁萧王庄石椁画像及相关问题》，《中国汉画学会第十二届年会论文集》，中国国际文化出版社，2010年。

[4]　详见蒋英炬编：《中国汉画像石全集》第1、2、3卷，山东美术出版社，2000年版。

图三　济宁师专汉墓石椁画像中的桥

图，苍山兰陵为豫让刺赵襄子故事，临沂为车骑过桥图，带有桥梁符号的胡汉交兵画像的发现情况是：苍山城前、前姚各1块，沂南北寨1块。由此看来，像沂南北寨汉墓墓门门楣这种构图形式的胡汉交兵画像并不多见，而且集中在临沂地区。其中苍山城前村汉墓石柱上的题刻为今天解读桥梁画像提供了有益的线索。

三　苍山城前村画像题刻的启示

苍山元嘉元年画像石墓发现年代较早，1973年于苍山县城前村发现并发掘，《考古》1975年2期发表的墓葬发掘报告后，方鹏均、张勋燎[5]、王恩田[6]、李发林[7]等先生均作出释读，其后刘继才[8]、杨爱国[9]、赖非[10]、巫鸿[11]等先生也进行了校正、释读工作，基本将题刻内容揭示明晰，尚余部分因为石刻残泐造成的争议，有待新的资料的发现和证明。在题刻释读中，杨爱国、巫鸿先生将题刻与画像石位置进行了对应，为我们研究画像石题材和寓意提供了准确的、汉代人的视角，在这种新视角下，我们来重新审视墓中发现的胡汉交兵画像石：

画面中桥为主体元素，占据了画面的很大一部分空间，桥上有两辆马车，第三辆马车正在上桥，车上一鸟飞翔。第一辆马车前有三导骑，其中最前部已经下桥，其中人物皆为汉人装束，在最前部骑兵的右侧与之并列的还有一骑，作胡人装束，回首扯弓搭箭做欲射状。桥下桥墩，有一只船，前后各有一驾船人，乘坐者二人，船前一人用带柄抄网作捉鱼状，船后二人，一人用手捉鱼，身边有大鱼，一人用筐捉鱼。再看题刻所记画像石的内容："上卫桥，尉车马，前者功曹后主薄。亭长骑左胡使弩，下有深水多鱼者，从儿驾舟渡诸母。"从题记中可知，桥的题记为卫桥，"卫"通"渭"，巫鸿认为最初的原型为长安西的渭桥，暗指汉帝死后要经过渭桥归葬帝陵事，渭桥在丧葬上的指事也因此而来。我觉得这种考证是有道理的。尉应指墓主人，其车马之前为功曹和主簿车，题记与画像完全对应。车马行列最前为亭长，题记记载其右侧为胡人，画像上观察，人物头戴尖帽，高鼻深目，具有胡人特征。桥下的鱼儿象征水，女性死者不能乘车，只能驾船前往阴间。从题记中可以看到，文字与画像的对应在这幅画像石上较为一致，为我们读懂类似的画像提供了有益的线索。

四　沂南北寨胡汉交兵画像的思考

虽然苍山城前元嘉元年汉墓中发现的题记揭示了车马行列是载着墓主人从阳间到阴间的过程，桥梁就是其中重要的沟通符号——渭桥，但是画像题记中没有解释为什么胡汉战争画像在阴阳两界中变换的作用，还需要参照汉画像石中其他的发现来解释清楚。

作为汉代历史上的重大历史事件，胡汉战争深刻影响了汉代各阶层的人民的生活，这种影响甚至反映

[5]　方鹏均、张勋燎：《山东苍山元嘉元年画象石题记的时代和有关问题的讨论》，《考古》1980年第3期。

[6]　王恩田：《苍山元嘉元年汉画像石墓考》，《四川文物》1989年第4期。

[7]　李发林：《山东苍山元嘉元年画像石墓题记试释》，《中原文物》1985年第1期。

[8]　刘继才：《苍山元嘉元年汉画像石墓考》读后浅见，《四川文物》1994年第6期。

[9]　杨爱国：《山东苍山县城前村画像石墓二题》，《华夏考古》2004年第1期。

[10]　赖非：《山东苍山元嘉元年画像石题记简介》，《书法》1988年第4期。

[11]　Wu Hung, Beyond the Great Boundary:Funerruy Narrative in the cangshan Tomb, in John Hay ed. Boundaries in China(London:Reaktion Books, 1994).

图四　沂南北寨汉墓墓门立柱及画像

到最基层的平民墓葬的画像中，经过战争洗礼尤其是战争胜利的喜悦，尤其是经历了时间的冲淡和记忆的模糊，这种画像越来越多地失去了战争带给人们的那种冲击和苦难，而成为一种程式化的图像符号，尤其是其中的胡人形象，由于其大多来自西方，汉代寻仙之路正是从东方海上向西方昆仑山转移的过程，在这个过程中，胡汉战争画像中的胡人充当了类似西王母的角色，在沂南北寨汉墓门楣画像中充当了西方的符号，墓主人的车马浩浩荡荡，越过渭桥，向神仙所居的西方行进，代表了墓主人到阴间后一种升仙的幻想。

　　另一方面，从门楣下的三根立柱画像上看（图四），两侧为东王公、西王母分别端坐在昆仑山上，还有高禖、伏羲女娲以及熊罴，中间石柱上为蹶张及羽人形象，无一不是神仙世界的人物和瑞兽，因此门楣上墓主人渡过渭桥、羽化成仙的想法从石柱画像上也可以得到佐证。

沂南汉墓艺术研究初探

朱　华（山东博物馆）

　　沂南县古称阳都，是三国时期著名政治家、军事家诸葛亮的诞生地，也是唐代著名政治家、书法家颜真卿的祖居地。史载："阳都，临沂之上游，英贤辈出，烟水之胜，轶于江南"。全县总面积1774平方公里，辖17个乡镇，980个行政村，90万人。

　　沂南汉画像石墓西出沂南县城三公里的北寨村。登高远眺，这里群山环抱，汶水缠绕，四周平坦，沃野千顷，实属风水宝地。

　　沂南汉画像石墓曾经三度被发掘：清末发掘的具体情况已不可考；1947年，村民在挖土垫栏时发现墓顶，随后即将墓室填死；1954年，文化部社会文化事业管理局指示华东文物工作队山东组组织力量发掘，完成了拓片制作和照片拍摄等工作。1954年，《文物参考资料》首先报道了沂南汉画像石墓的发掘[1]；旋即，该刊又发表了华东文物工作队山东组的简要发掘报告[2]；1956年正式的发掘报告成书出版[3]；1957年孙作云发表专文介绍沂南汉画像石墓[4]。

　　沂南汉画像石墓共有42块画像石，73幅画像，画像面积达44.2平方米。画像面积之大，内容之丰富，刻画之精美，在同类汉墓中是罕见的。这些画像分别安置在墓门、前中后墓室内壁、中心立柱和隔梁等处。

一　沂南汉墓石刻壁画均衡饱满的构图

　　构图，在古代又称为"经营位置"、"章法"、"布局"，被认为是"画之总要"，构图过程又是一个绘画的诸技法因素构成的过程。中国画在其长期的发展演变中建立了许多符合自身审美要求的构图法则，如布势、主次、对比、均衡、疏密、开合等等。除此之外，中国山水画家在构图上有"五字法"的形象性的概括描述——按"之"、"甲"、"由"、"则"、"须"五个字的结构样式来分割空间："之"字是左推右让、"甲"字是上重下轻、"由"字是上轻下重、"则"字是左实右虚、"须"字是左虚右实。再如"散点透视"中的"三远法"……种种法则。沂南汉墓石刻壁画也是如此，涉及各种形式法则，构图主要继承了传统的平面散点和分层布局法则，其中最为突出的特点是散点布局方式，其焦点不止一个：有纵向升降展开的高远法；有横低展开的平远法；还有远近距离展开的深远法。如沂南汉墓前室南壁上横额、中室南壁上横额东段和中室南壁上横额西段（图一）（图二）图中都表现墓主人庄园生活，采用鸟瞰散点透视的办法，使画面

图一　前室南壁上横额

[1]　黎忠文：《山东沂南发现石刻影会汉墓》，《文物参考资料.》1954年5期。

[2]　华东文物工作队山东组：《山东沂南汉画像石墓》，《文物参考资料》1954年8期。

[3]　曾昭燏、蒋宝庚、黎忠羲等合著：《沂南古画像石墓发掘报告》，南京博物院、山东文物管理处合编，文化部文物管理局出版，1956年3月。

[4]　孙作云：《汉代社会 史料的宝库——沂南画像石发掘报告介绍》《史学月刊》，1957年第7期。

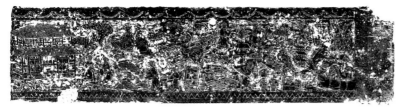

图二　中室南壁上横额东段

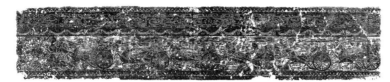

图三　中室西壁上横额

图四　中室北壁上横额西段

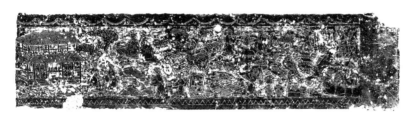

图五　前室南壁上横额东段

图六　中室东壁上横额

井然有序，富有层次感。在中室西壁上横额，中室北壁上横额东段、西段（图三）（图四）图中表现车马出行时的盛大气势时，采用了多视点组合的方法：单独表现一辆车、一匹马时采用平视散点透视；用正视横列的方法表现出车马的位置，较好地解决了大队车马的纵深，这种透视法强化了画像石的装饰性、增强了画面的美感。此外沂南汉墓石刻壁画还遵循了分层分布的格局，按上下层次安排形象，左右关系获得空间。沂南汉墓中室的东南西北壁就具有这一特点。画面简洁，内容清晰，整幅画面采用连续的形式，是中国早期的连环画形式。

沂南汉画像石构图巧妙恰当地运用了变化统一的形式美规律，画面布局多而满，但富于变化的局部又服从于整体统一的结构，相互交错，前后呼应，主次分明。如沂南汉墓中前室南壁上横额、中室东壁上横额（图五）（图六）。又如后室靠南壁的承过梁的隔墙的东面、后室靠北壁的承过梁的隔墙的东面（图七），其不仅运用多层分割，就是一个分层内，画面也是满的，运用飞翔的小鸟、飞动的气云纹或空白处填补一个小人物，打破了画面的宁静，使空间运动起来，画面虽然饱满均衡，但满而不乱，多而不散。

先秦时期绘画构图和技法处在幼稚阶段，匠师还没有掌握透视法则，处理形象的前后关系，通常采取上下层隔开的形式：上层表现远，下层表现近。形象角度只有正面和正侧面两种，没有半侧面形象。这种手法直至汉代仍有沿用。但战国时已出现了透视画法的尝试，战国末至秦的咸阳宫壁画的车马，也已采用这样的构图。很明显这种构图技法被汉代画像石继承，散点透视构图法，成为中国画的标准透视构图模式，而填白也成为中国中世纪绘画的主要构图原则。

图七　后室北壁的撑过梁的隔墙的东面

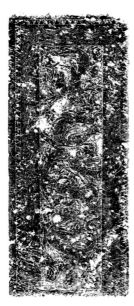

图八　前室西壁南段

二　沂南汉墓石刻壁画力量感和夸张精炼的造型

汉代石刻壁画造型上显著特点是以石为地，以刀代笔，线是人类最为古老的造型语言，线条的形态、组织、结构和形式美感是线艺术最基本的表现等征，线具有很强的概括性和简练性，便利性和直接性，所以人类最早的造型行为就选择了线的语言形式。以线造型不仅表现出了物象的形状，而且表现出了物象的态势，使所有的形象都处于变化的瞬间，对于阴刻的壁画石尤为显著。如沂南汉画像石墓中的人物、动物、羽化仙人、朱雀、龙等的画像。画像以阴刻为手法，勾勒的画像造型生动，所用的线条或粗、或细、或交错、或转折，使动物人物都处在行进、跳跃、顾盼、飞腾的运动之中，使画面呈现有规律变化和多样同一的整体，犹如一支动听的乐曲，把观者带入美妙的艺术境界，得到美的享受。在车马出行图中，奔跑的马，飘动的华盖流苏，人物衣服的飘带，形成一种连绵起伏行走的动势，产生一种强烈的节奏感。在前室西壁南段、北段（图八）（图九）中，苍龙腾空而起，昂头摆尾，身体呈一条弯曲的长线，仿佛一曲音乐徐徐缓缓，悠然自然。

汉代艺人通过对自然的感悟，摆脱了自然物象正常比例的束缚，达到了超越自然而又可以从图像造型中找到自然我想的原形，有些雕刻造型神韵无穷，精彩无比。引起中外艺术家的倾慕、追求与探讨。沂南汉画像石墓中人物的夸张变形画像千姿百态、栩栩如生。墓中墓门中支柱、前室过梁西壁、后室过梁东壁、西壁中的"羽人"，羽化成仙[5]。羽人是汉人丰富的想象与夸张变形的结晶，富有浪漫色彩。总之，汉石刻壁画无论是线刻还是剪影对人物形象的塑造不拘泥于形似而注重传神，同时运用变形和夸张的手法，抓住事物最精彩的瞬间，用寥寥几笔勾勒出其内在的神韵，凸显其浪漫主义气质，使之散发出震撼人心的艺术魅力。

在沂南汉代画像石中我们随处能感觉到"力量"的存在，首先，这种力量表现在运动形象的刻画上。飞腾的龙、扑越的虎、站立的鹿、奔驰的马充满了动感和力量，表现出蓬勃生机。在车马出行中，马的身体几乎被拉成一条直线，铿锵有力的线条配合车轮华盖的飘动，一路飞驰。画像石中这些线条造型的巧妙运用，极为传神的表现了一种充满活力的旺盛的生命之美和力量之美。其次，这种力量表现在力量的传达上。前室北壁正中一段（图十）中的神圣如虎而立，头顶上竖立着三根箭的弩弓，手持短刀，足持短剑，短刀、短剑与上竖的箭两力相背，力感十分劲健。前室东壁北段（图十一）中人物胸部呈椭圆形粗而壮，两脚细而小，整个身体重力下冲，而双脚踏的弓却向上与身体形成强烈的对冲力，充满蓄势待发的力量。

图九　前室西壁北段

[5]　曾昭燏、蒋宝庚、黎忠義等合著《沂南古画像石墓发掘报告》，南京博物院、山东文物管理处合编，文化部文物管理局出版，1956年3月。

三　沂南汉墓石刻壁画优美动感的纹饰

在人类文化中，纹饰的起源早于文字，纹饰从识别、传达的需要，演变成以装饰为主要内容，纹饰是人类文化中的主要符号活动现象之一，已成为人类文化的宝贵遗产。任何时期的装饰纹样都表现出民族文化的精神特质。

纹饰（纹样）：器物上的装饰花纹的总称。一般分为单独纹样、适合纹样、隅饰纹样（即角隅纹样）、边饰纹样、散点纹样、连续纹样（包括二方连续、四方连续）等。汉画像石纹饰包括主题纹饰和边饰纹饰，主题纹饰主要有"迹象纹样"，如："十字穿环"、"二龙穿壁"等；边饰纹样亦称"边缘纹样"，装饰于物象的边缘起装饰效果，汉画像石中主要有直线纹、斜线纹和各种几何图案纹饰，主要的有三角纹、水波纹、菱形纹、幔纹等，所谓三角纹是汉画几何形边饰中运用最为普遍的形式之一。汉画像上排列密集的小三角边饰，绝不是普通、简单的装饰符号，这些神秘的三角纹有其特殊的寓意。其图案或为等腰三角形，一角向下，排列成行，犹如垂叶；或为等腰三角形，一角向上，排列成行，犹如群山；或为等三角形，上下排列，相互衔合，组成环带状。如沂南汉墓壁画前室中室后室的大部分画像中都为一角向上的等腰三角形的三角边饰。三角纹作为性符号表示雌性，在古代文化中占有极其重要的地位。墓葬中的汉画像几何形三角纹饰，明显是用于突出它的祭祀意义。汉墓周围的氛围，清晰地反映出当时社会流行的极为强烈的生殖崇拜色彩；水波纹是模拟水波的一种纹饰。运用到汉画像的边饰上作为装饰，形似水流动的形态。原始先民们"具有敏锐的官能，他们精确地注意到了陆地和海洋生物的一切物种的种属特性，以及像风、光和天色、水波和海浪变化、水流和气流等自然现象的最细微的变异"[6]。如沂南汉墓壁画中室过

图十　前室北壁正中一段

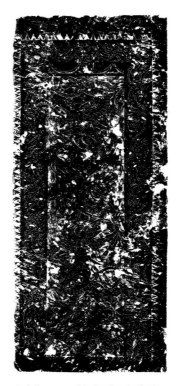

图十一　前室东壁北段

梁和八角擎天柱上的散斗、栱与两旁双龙的东面和西面中的纹饰。水波纹在画像石边饰上的运用，也恰恰表明了汉代人对水的珍视及水纹样式的欣赏，同时包含着对水的神秘感受及崇拜的因素。这些纹饰基本上采用均齐、平衡排列或混合组织排列。尤其是整幅画面的四周均饰以均衡对称、优美动感的纹饰和图案，画面四周或上下、左右有纹饰的汉画像石在沂南汉画像石墓中占比例很大。沂南汉画像石在装饰性上与徐州有许多相似之处，陕北汉画像石剪影式的图像及边饰也非常精美，但略有不同。

画像石作为墓葬中的重要组成部分，是作为墓室环境的装饰而存在的。作为汉画像石边饰的装饰花纹带，无论在图像配置上还是在画面装饰上，都有重要的作用，是画像石艺术不可缺少的组成部分。这种花纹带的装饰图案，一般都以二方连续的形式刻在主体图像的四周或上下左右。如沂南汉画像石墓中前室北壁正中一段、前室东壁北段、前室东壁南段及前室的西壁南段北段等多处图的左右两边就是二方连续的卷云纹（图十二）（十三）。

汉画像石的这种纹样装饰极大丰富了雕刻的空间与层次，营造出点、线、面的强烈节奏感，以达到结构

---

[6] 韩迪和普奎转引自列维·斯特劳斯：《野性的思维》，商务印书馆，1987年。

图十二　中室北壁东段

图十三　前室北壁正中一段

紧凑、布局合理、画面生动的效果，在铺张扬厉中，追求形神之美和感官的审美满足。

四　沂南汉墓石刻壁画艺术的写意特征

写意，中国画的一种画法，用笔不讲究工细，注重神态的表现和抒发作者的情趣，是一种形简而意丰的表现手法。要求通过简练概括的笔墨，着重描绘物象的意态神韵，故名。元　夏文彦《图画宝鉴》卷三："（仲仁）以墨晕作梅，如花影然，别成一家，所谓写意者也[7]。

在沂南汉画像石中，我重新找到了对"写意"的自信。汉代石刻壁画无论是立意、造型还是艺术创作表现手法，可以说是在"形象"的基础上，更加注重"情"与"意"的表达，追求"意象"。艺术作品中创作者将自己的思想与激情融于作品之中，使作品更具浪漫气质与情怀。

汉代石刻壁画中吸取了中国民族绘画特点，在雕刻的基础上，充分运用中国画以线造型的特点，以及采用中国写意画造型中不求外形肖似而在于内在精神、本质的体现，追求"不似之似"的创作形式，更好地体现了雕刻者的创作意念与审美情趣。如沂南汉墓中室东壁上横额中为了表现舞者幽美飘逸的舞姿，艺术家把舞技的腰身刻画的纤如细线；为了显示飞剑跳丸、戴竿之战人的彪悍，把人物的双肩和胸膛描绘的异常粗壮。又如前室过梁和八角擎天柱上的散斗、拱与蜀柱的东面、西面（图十四）（图十五）和中室过梁图和八角　擎天柱上的散斗、拱与两旁双龙的东面、西面（图十六）（图十七）的动物造型中，雕刻者精心构思，整体入手，巧妙运用多种雕刻语言，并融合中国民族绘画特点，力求外形轮廓的清晰，突出特征，刀法洗练、概括、单纯、奔放，集中表现了动物的庄重雄强，强化了动物内在精神的体现，充分体现汉代人那种鲜明个性和对"意"充分夸张的表露。

汉代艺术家以一种没有成见的眼神看待这个纷繁的世界，表现不再拘泥于事物本身的形状，写意成为可能。石材画面浓缩了丰富的表现内容，石材的坚硬更成就了他们"惜墨如金"的表达。简化强化了特征，变形成了动势，夸张增强了感染力，写意的人物及动物造型是汉化像石所颂扬的人神共生的精神获得了充分自由的表现。

汉画像石是汉代人雕刻在墓室、祠堂四壁的装饰石刻壁画，本质上汉画像石是一种民俗性很强的祭祀艺术。尽管汉画像石以民俗性为主，但是在二百余年的存在和发展过程中，取得了一定的艺术成就，对汉以后的美术发展产生了巨大而深远的影响，使它成为唐以前中国古典美术发展的一个重要阶段。从在中国美术史上承前启后的巨大作用来说，汉画像石永远是一座巍然屹立的艺术丰碑，在艺术形式上它上承先秦艺术下开魏晋风度，奠定了中国画的基本法规和规范。汉画像石的产生是我国历史上第一个民俗艺术高峰，虽然其民俗性很强，但是其艺术风格、技法对于先秦艺术无论是皇家贵族艺术还是民间艺术都不自觉地进行了系统化的总结，并对后世魏晋隋唐尤其是对唐代艺术产生了重要的影响。就其雕刻技法而言有浅浮雕、阴

[7]　元代夏文彦《图画宝鉴》卷三。